Kauderwelsch
Band 49

Dattelpalme

Impressum

Mina Djamtorki
Persisch – Wort für Wort
erschienen im
Reise-Know-How Verlag Peter Rump GmbH
Osnabrücker Str. 79, D-33649 Bielefeld
info@reise-know-how. de

13. Auflage 2014

Layout Oliver A. Iggesen, Elfi H. M. Gilissen
Layout-Konzept Günter Pawlak, FaktorZwo! Bielefeld
Umschlag Peter Rump
Kartographie Iain Macneish
Fotos Mina Djamtorki (MDj), Christoph Müller, Fotografen@Fotolia.com (Nachweis am jeweiligen Foto)
Druck und Bindung Werbedruck GmbH Horst Schreckhase, Spangenberg

ISBN 978-3-8317-6427-3
Printed in Germany

Dieses Buch ist erhältlich in jeder Buchhandlung Deutschlands, Österreichs, der Schweiz und der Benelux-Staaten.
Bitte informieren Sie Ihren Buchhändler über folgende Bezugsadressen:
Deutschland Prolit GmbH, Postfach 9, 35461 Fernwald (Annerod) sowie alle Barsortimente
Schweiz AVA-buch 2000, Postfach 27, CH-8910 Affoltern
Österreich Mohr Morawa Buchvertrieb GmbH Sulzengasse 2, A-1230 Wien
Belgien & Niederlande Willems Adventure, www.willemsadventure.nl
direkt Wer im Buchhandel kein Glück hat, bekommt unsere Bücher zuzüglich Porto- und Verpackungskosten auch direkt über unseren Internet-Shop: **www.reise-know-how.de**

Kauderwelsch

Mina Djamtorki

Persisch

Wort für Wort

Kauderwelsch-Sprechführer sind anders!

Warum? Weil sie Sie in die Lage versetzen, wirklich zu sprechen und die Leute zu verstehen.

Wie wird das gemacht? Abgesehen von dem, was jedes Sprachbuch bietet, nämlich Vokabeln, Beispielsätze usw., zeichnen sich die Bände der Kauderwelsch-Reihe durch folgende Besonderheiten aus:

Die **Grammatik** wird in einfacher Sprache so weit erklärt, dass es möglich wird, ohne viel Paukerei mit dem Sprechen zu beginnen, wenn auch nicht gerade druckreif.

Alle Beispielsätze werden doppelt ins Deutsche übertragen: zum einen **Wort-für-Wort**, zum anderen in „ordentliches" Hochdeutsch. So wird das fremde Sprachsystem sehr gut durchschaubar. Denn in einer fremden Sprache unterscheiden sich z. B. Satzbau und Ausdrucksweise recht stark vom Deutschen. Ohne diese Übersetzungsart ist es so gut wie unmöglich, schnell einzelne Wörter in einem Satz auszutauschen.

Die **Autorinnen** und **Autoren** der Reihe sind Globetrotter, die die Sprache im Land selbst gelernt haben. Sie wissen daher genau, wie und was die Leute auf der Straße sprechen. Deren Ausdrucksweise ist nämlich häufig viel einfacher und direkter als z. B. die Sprache der Literatur oder des Fernsehens.

Besonders wichtig sind im Reiseland **Körpersprache**, **Gesten**, **Zeichen** und **Verhaltensregeln**, ohne die auch Sprachkundige kaum mit Menschen in guten Kontakt kommen. In allen Bänden der Kauderwelsch-Reihe wird darum besonders auf diese Art der nonverbalen Kommunikation eingegangen.

Kauderwelsch-Sprechführer sind keine Lehrbücher, aber viel mehr als Sprachführer! Wenn Sie ein wenig Zeit investieren und einige Vokabeln lernen, werden Sie mit ihrer Hilfe in kürzester Zeit schon Informationen bekommen und Erfahrungen machen, die „sprachlosen" Reisenden verborgen bleiben.

Inhalt

Konversation

Anhang

Springbrunnen vor der Amir-Tschaghmagh-Moschee, Yazd

Vorwort

Sie spielen mit dem Gedanken, die persische Sprache zu erlernen? Sie trauen es sich aber nicht ganz zu? Sie glauben vielleicht, dass Ihnen die Aussprache nicht gelingen würde, weil sie Ihnen sozusagen „spanisch“ vorkommt? Und diese gekritzelte Schrift, wie soll man das bloß lernen?

Habe ich Ihre Gedanken richtig erraten? Ja? – Vergessen Sie sie. Ich verspreche, Ihnen die persische Sprache auf so einfache Art und Weise beizubringen, dass Sie in kurzer Zeit und ohne Mühe eine kleine Unterhaltung führen können. Ich will Ihnen so viel Grammatik beibringen wie notwendig, ohne Sie mit 1001 Regeln und Ausnahmeregeln zu verwirren. Von der Schrift möchte ich Ihnen nur so viel verraten, dass Sie sie nicht als eine Geheimschrift betrachten. Ich muss Ihnen aber gestehen, dass ich ohne Ihre aktive Beteiligung dieses Versprechen nicht einhalten kann. Ein bisschen Grammatik und Vokabeln büffeln, das müssen Sie schon.

Ich bin sicher, wenn Sie sich jetzt entschließen, die persische Sprache zu erlernen, werden Sie viel Spaß haben. Ich möchte Sie aber zu nichts überreden. Sie können es ja einmal probieren. Sie können auch persisch essen gehen. Mit Sicherheit bekommen Sie dann auch Appetit auf die Sprache.

Viel Spaß und / oder guten Appetit!

Hinweise zur Benutzung

Hören Sie sich Ausprachebeispiele mit Ihrem Smartphone an! Ausgewählte Kapitel im Konversationsteil sind dafür mit einem QR-Code ausgestattet.

Dieser Kauderwelsch-Band besteht aus drei wichtigen Teilen: Grammatik, Konversation und ein Miniwörterbuch.

Im ersten Teil dieses Büchleins wird auf die Schrift, die Aussprache und die Umschrift der persischen Sprache sowie auf die Grammatikregeln eingegangen. Es ist empfehlenswert, den Grammatikteil Kapitel für Kapitel durchzunehmen, da sie aufeinander aufbauen. Er ist so einfach gehalten wie möglich, daher sind auch nicht sämtliche Ausnahmen und Unregelmäßigkeiten erklärt.

Im Konversationsteil finden Sie Sätze aus alltäglichen Gesprächssituationen, die Ihnen einen ersten Eindruck davon vermitteln sollen, wie die persische Sprache „funktioniert" und die Sie auf das vorbereiten sollen, was Sie später im Iran hören können.

Jede Sprache hat ein typisches Satzbaumuster. Um die sich vom Deutschen unterscheidende Wortfolge persischer Sätze zu verstehen, ist die Wort-für-Wort-Übersetzung in kursiver Schrift gedacht. Wird ein persisches Wort durch zwei Wörter übersetzt, werden diese in der Wort-für-Wort-Übersetzung mit Bindestrichen aneinander gereiht. Werden in einem Satz mehrere Wörter angegeben, die man untereinander austauschen kann, wird das durch einen Schrägstrich kenntlich gemacht.

Seitenzahlen
Um Ihnen den Umgang mit den Zahlen zu erleichtern, wird auf jeder Seite die Seitenzahl auch in Persisch angegeben!

kif·e tscharm·i·ye ßefid·e zan·e man / zan·am
Tasche-G ledern-G weiß-G Frau-G ich / Frau-mein
die lederne, weiße Handtasche meiner Frau

ghâli / farsch·hâ·ye ghaschang·e gerân / gerun
Teppich / Teppich-Mz-G schön-G teuer / (U)
die schönen teuren Teppiche

„-G" in der Wort-für-Wort-Zeile steht für das wortverbindende grammatische Element -e / -ye, *das u. a. die Funktion eines Genitivs erfüllt.*

Mit dem *(U)* wird in der Wort-für-Wort-Übersetzung die umgangssprachliche Aussprachevariante gekennzeichnet. Mit Hilfe der Wort-für-Wort-Übersetzung können Sie durch einfaches Austauschen einzelner Wörter schnell neue Sätze formulieren. Sind die Bestandteile des persischen Wortes austauschbar, macht ein winziger Punkt die Bestandteile kenntlich. Fürwörter oder auch andere Wörter werden in Klammern ergänzt, wenn das deutsche Wort allein die Entsprechung im Persischen nicht eindeutig wiedergibt.

Aus Platzgründen werden nicht alle Sätze in umgangssprachlicher Form gebildet. Versuchen Sie diese anhand der Erläuterungen selbst zu bilden. Das übt. Es würde auch den Rahmen dieses Buches sprengen, alle Wörter in Silbenform darzustellen.

Die Wörterlisten am Ende des Buches enthalten einen Grundwortschatz von je etwa 1000 Wörtern Persisch - Deutsch, Deutsch - Persisch, mit denen man schon eine ganze Menge anfangen kann.

Die Umschlagklappe hilft, die wichtigsten Sätze und Formulierungen stets parat zu haben. Aufgeklappt ist der Umschlag eine wesentliche Erleichterung, da nun die gewünschte Satzkonstruktion mit dem entsprechenden Vokabular aus den einzelnen Kapiteln kombiniert werden kann.

Und nun geht's los. Viel Spaß dabei!

Karte des Sprachgebiets

Die Sprache

Fârß·i, das heute im Iran und in weiten Teilen Afghanistans gesprochene Persisch, gehört der indoeuropäischen Sprachfamilie an. Sie werden dies daran merken, dass Persisch im Satzbau und z. T. im Grundwortschatz dem Deutschen sehr ähnelt.

Beispiele:
mâdar = *Mutter*
dochtar = *Tochter*

Nach der Eroberung des Iran durch die Araber 642 n. Chr. hat die persische Sprache viele arabische Wörter aufgenommen. Die arabische Schrift wurde übernommen und um zusätzlich vier Buchstaben zur Darstellung speziell persischer Konsonanten (Mitlaute), die im Arabischen nicht vorhanden waren, erweitert. Trotz der Übernahme der arabischen Schrift ist die Aussprache der einzelnen Buchstaben im Persischen zum Teil anders.

Die zusätzlichen vier Buchstaben im Persischen pe = پ, tsche = چ, je = ژ *und* gâf = گ, *die im Arabischen nicht existieren, sind in der Umschrifttabelle mit einem * gekennzeichnet.*

Die richtige Schreibweise der arabischen Lehnwörter kann allerdings manchmal Kopfschmerzen bereiten, weil diese persisch ausgesprochen werden und nicht arabisch. Um diese Wörter richtig schreiben zu können, gibt es nur eine gute Lösung, nämlich sie auswendig zu lernen. Hinzu kommt noch, dass es im Persischen für manche Laute zwei oder mehrere gleich klingende Buchstaben gibt, die im Arabischen unterschiedlich ausgesprochen werden.

Die persische Sprache weist wie jede andere Sprache verschiedene Dialekte auf. Hier wird die Aussprache der Teheraner als Maßstab ge-

Die in der Umgangssprache vorkommenden Formen stehen alternativ nach einen Schrägstrich und sind in der Wort-für-Wort-Übersetzung mit (U) gekennzeichnet.

nommen. Dabei ist zwischen der Schriftsprache und der Alltagssprache zu unterscheiden. Die Schriftsprache dient natürlich an erster Stelle zum Schreiben; gesprochen wird sie in Nachrichtensendungen des Rundfunks und Fernsehens, bei öffentlichen Reden oder förmlichen Gesprächen. Die Umgangssprache weicht insofern von der Schriftsprache ab, als einige Vor- und Nachsilben anders ausgesprochen werden, bestimmte Wörter zusammengezogen oder einfach weggelassen werden. Nicht selten entsteht im gesprochenen Wort eine Mischung aus beidem.

Das persische Alphabet

In der Tabelle finden Sie manchmal mehrere Buchstaben für einen Laut zusammengefasst. Diese werden im Persischen – anders als im Arabischen – gleich ausgesprochen.

Ich möchte Ihnen in Kürze einiges über die Schrift mitteilen, damit Sie, falls es Sie reizt, Hinweisschilder, Schlagzeilen in Zeitungen oder die Speisekarte „entschlüsseln" können. Vielleicht möchten Sie auch einen Postkartengruß in fârß·i schreiben.

Nachfolgend wird das persische Alphabet, das aus 32 Buchstaben besteht, aufgeführt. Zunächst nenne ich Ihnen den Namen des Buchstaben und in Klammern seine Position im Alphabet sowie in arabischer Schrift die Schreibweise allgemein, am Wortanfang, Wortmitte und Wortende. Darunter steht die verwendete Lautschrift für den Buchstaben mit weiteren Erklärungen.

Die persischen Buchstaben im Einzelnen				
Buchstabe	**Ende**	**Mitte**	**Anfang**	**einzeln**
alef (1)	ﺎ, ا	ﺎ, ا	ا, آ	ا, آ
Dient am Wortanfang als Vokalträger: für a in **abr** ابر *Wolke*, für e in **ezdewâdj** ازدواج *Heirat*, für o in **otu** اطو *Bügeleisen* Das Zeichen madd ‎ über dem alef kennzeichnet das lange â am Wortanfang: **âdam** آدم *Mensch* Zwei kleine Schrägstriche über dem Buchstaben alef am Wortende spricht man an: **maßalan** مثلاً *zum Beispiel*				
be (2)	ﺐ	ﺒ	ﺑ	ب
b wie in „**B**ier“: **bâ** با *mit*				
pe* (3)	ﭗ	ﭙ	ﭘ	پ
p wie in „**P**reis“: **pâ** پا *Fuß / Bein*				
te (4)	ﺖ	ﺘ	ﺗ	ت
tâ (19)	ﻂ	ﻄ	ﻃ	ط
t wie in „**T**ee“: **tâ** تا *bis*				
ße (5)	ﺚ	ﺜ	ﺛ	ث
ßin (15)	ﺲ	ﺴ	ﺳ	س
ßâd (17)	ﺺ	ﺼ	ﺻ	ص
ß wie in „Bi**ss**“: **ßabt** ثبت *Eintragung*				
djim (6)	ﺞ	ﺠ	ﺟ	ج
dj wie in Engl. „**j**ob“: **djâ** جا *Ort / Platz*				
tsche* (7)	ﭻ	ﭽ	ﭼ	چ
tsch wie in „Deu**tsch**“: **tschâp** چاپ *Druck*				
hâ (8)	ﺢ	ﺤ	ﺣ	ح
he (31)	ﻪ	ﻬ	ﻫ	ه
h wie in „**h**eiß“: **hab(b)** حب *Tablette* Am Wortende klingt der Buchstabe he wie ein kurzes betontes e: **teschne** تشنه *durstig*				

Die Häkchen bei ßin (15) س *und* schin (17) ش *müssen genau gezählt sein. Oft werden sie durch einen Längsstrich*  *bzw.*  *ersetzt. Aber Achtung: auch andere Buchstaben werden so „kosmetisch“ gelängt.*

Handschriftlich werden che (9) خ, hâ (8) ح, tsche (7) چ *und* dj (6) ج *in der Wortmitte und am Ende so*  *geschrieben: z. B. in* kodjâ  *„wo“,* kadj  *„schief“.*

Nach langem Vokal steht he *allein, weil er nicht nach links verbunden werden kann.* he *wird dann voll ausgesprochen, z. B.:*
Berg = kuh = کوه
König = schâh = شاه

Das persische Alphabet

Doppelte Konsonanten werden mit einem taschdid ّ *über dem Buchstaben gekennzeichnet. Eine Verdopplung des Buchstabens ist daher nicht nötig:* ammâ اَمّا. *Aber in der Lautschrift ist der Buchstabe verdoppelt!*

Die Punkte über oder unter den Buchstaben dürfen nicht durcheinander gebracht werden, da sonst der Wortsinn verändert werden kann.

Handschriftlich wird oft statt zwei Punkten ein – und statt drei Punkten ein ^ gesetzt.

che (9)	ـخ	ـخـ	خـ	خ
ch wie in „Koch“: **chodâ** خدا *Gott*				
dâl (10)	ـد	ـد	د	د
d wie in „da“: **dâß** داس *Sense*				
zâl (11)	ـذ	ـذ	ذ	ذ
ze (13)	ـز	ـز	ز	ز
zâd (18)	ـض	ـضـ	ضـ	ض
zâ (20)	ـظ	ـظـ	ظـ	ظ
z stimmhaft wie in „Seide“: **zât** ذات *Wesen*				
re (12)	ـر	ـر	ر	ر
r wie in „raten“: **râz** راز *Geheimnis*				
je* (14)	ـژ	ـژ	ژ	ژ
j wie in „bonjour“: **ejdehâ** اژدها *Drache*				
schin (16)	ـش	ـشـ	شـ	ش
sch wie in „schön“: **schâch** شاخ *Horn*				
eyn (21)	ـع	ـعـ	عـ	ع
’ Leiser Knacklaut in der Kehle (Wortmitte / -ende). In der Wortmitte wie der Stimmabsatz in „Be|amter“ oder „Ver|ein“: **ma’ruf** معروف *berühmt* Am Wortende scharf und kurz sprechen: **rob’** ربع *Viertel.* Am Wortanfang als Vokal sprechen: a in **akß** عکس *Bild*; e in **elm** علم *Wissen*; o in **omr** عمر *Leben*; â in **âdat** عادت *Gewohnheit*				
gheyn (22)	ـغ	ـغـ	غـ	غ
ghâf (24)	ـق	ـقـ	قـ	ق
gh: wie ein am Gaumen geriebenes (also nicht gerolltes) „r“: **ghurbâghe** قورباقه *Frosch*				
fe (23)	ـف	ـفـ	فـ	ف
f wie in „fein“: **fargh** فرق *Unterschied*				

kâf (25) ک ﻜ ﻛ ک

k wie in „**K**ind“: **kaf** کف *Schaum*

gâf* (26) گ ﮕ ﮔ گ

g wie in „**G**eld“: **garm** گرم *warm*

Am Wortende weicher: **barg** برگ *Blatt*

lâm (27) ﻞ ﻠ ﻟ ل

l wie in „**L**eid: **lâl** لال *stumm*

mim (28) ﻢ ﻤ ﻣ م

m wie in „**M**ann“: **mâr** مار *Schlange*

nun (29) ﻦ ﻨ ﻧ ن

n wie in „**N**atur“: **nân** نان *Brot*

wâw (30) ﻮ ﻮ و و

w wie in „**W**asser“: **wazn** وزن *Gewicht*

Als Vokal:

o in **to** تو *du*,

u in **kabutar** کبوتر *Taube*

Als Doppellaut:

ou wie in engl. „g**oa**l“ in **goud** گود *tief*

waw nach ch gefolgt von â oder i wird nicht gesprochen: **chânande** خواننده *Sänger/-in*, **chischâwand** خویشاوند *Verwandter*

ye (32) ﯽ ﯿ ﯾ ی

y wie in „**j**a“: **yâ** یا *oder.*

Als langer Vokal i am Wortanfang: **irân** ایران *Iran*, in der Mitte und am Wortende **bini** بینی *Nase*, sowie als Doppellaut ey wie in engl. „m**a**de“: **key** کی *wann*

Bei Folgen von zwei ye kann das erste durch ein hamze ء ersetzt werden, welches über das ye gesetzt wird. Das zweite wird als i (Umschrift i) ausgesprochen. *Tee* kann also geschrieben werden:

tschâyi چایی, **tschâ'i** چائی, **tschây** چای

Der Buchstabe lâm (27) *wird zusammen mit dem langen* â *als* لا *geschrieben, z. B. in* lâle لاله *„Tulpe“.*

Das Wort wa و *„und“ besteht nur aus dem Buchstaben* waw. *Bei Wortzusammensetzungen wird es meist* o *ausgesprochen. Am Wortanfang immer* wa *aussprechen!*

hamze ء *dient entweder als stummer Vokalträger oder als Konsonant und wird dann wie* ع = ' *ausgesprochen:* ßo'âl سؤال *„Frage“.*

Handschriftlich wird ye (32) *am Wortende meistens wie folgt geschwungen geschrieben.* 

Schreibregeln

Im Allgemeinen wird die letzte Silbe eines Wortes betont. Bestimmte Vorsilben wie be *oder* mi *sowie die Verneinung* na *bzw.* ne, ni *ziehen jedoch die Wortbetonung auf sich.*

Die arabisch-persische Schrift kennt keine Groß-und Kleinschreibung oder Blockschrift. Zur Wortbildung werden die Buchstaben von rechts nach links miteinander verbunden und gelesen. Ausnahmen bilden die folgenden Buchstaben, die nicht nach links verbunden werden können.

ا	a	از	**az**	von / aus / seit
آ	â	آب	**âb**	Wasser
د	d	آرد	**ârd**	Mehl
ز	z	آزاد	**âzâd**	frei
ر	r	در	**dar**	Tür / in
ذ	z	آذر	**âzar**	*(Mädchenname)*
ژ	j	دژ	**dej**	Festung / Burg
و	w	آواز	**âwâz**	Lied / Gesang

lange Vokale

â	dunkler als in „R**a**sen", eher wie in (amerikan.-)engl. „c**a**r": **châm** خام *unreif*; Wortanfang: alef (1) ا + آ = آ **âb** آب *Wasser*; Wortende: **chodâ** خدا *Gott*; Wortmitte: **âzâd** آزاد *frei*
u	wie in „M**u**sik": **musch** موش *Maus*; Wortanfang: alef ا + wâw (30) و = او او **u** *er / sie*; Wortmitte / -ende: wâw (30) و **ghu** قو *Schwan*, **pußt** پوست *Haut / Schale*
i	wie in „**I**dee": **schir** شیر *Milch / Löwe*; Wortanfang: alef (1) ا + ye (32) یـ = ایـ **imân** ایمان *Glaube*

Wortmitte: ye (32) ی:
ßini سینی Tablett
Wortende: ebenfalls ye (32) ی:
châli خالی *leer,*
oder alef (1) ا + ye (32) ی = ای
nâme'i نامه‌ای *(irgend)ein Brief*

kurze Vokale

Kurze Vokale werden meist nicht geschrieben, aber manchmal mit sog. Vokalzeichen markiert, um Missverständnisse zu vermeiden.

Diese arabischen Hilfszeichen fathe, kasre, zamme *und* taschdid ّ, *oft auch* hamze ء, *werden allerdings im Persischen üblicherweise weggelassen.*

a	norddeutsches „a“ wie in „k**a**lt“: **gard** گَرد *Staub* (kurzer Schrägstrich oben)
e	offen wie in „H**e**ft“: **gerd** گِرد *rund* (kurzer Schrägstrich unten)
o	offen wie in „**o**ft“: **gord** گُرد *Held* (kleines wâw (30) darüber)

Merke: Der lange Vokal â darf nicht mit dem kurzen a verwechselt werden, da es sonst leicht zu Missverständnissen kommen kann:

châr	Dorn	**char**	Esel
bâd	Wind	**bad**	schlecht
tâb	Schaukel	**tab**	Fieber
tschâp	Druck / Auflage	**tschap**	links
mâßt	Joghurt	**maßt**	betrunken

Wörter, die weiterhelfen

Um die Anwendung hilfreicher Ausdrücke wie „Wo ist ... ?“, „Ich möchte ...“, „Haben Sie ... ?“ oder „Was kostet ...?“ zu erklären, bedarf es eigentlich einer näheren grammatikalischen Erläuterung.

Es wird Sie aber an dieser Stelle weiterbringen, wenn Sie folgende Ausdrücke erst einmal anwenden, ohne sich um die Grammatik zu kümmern. Suchen Sie sich aus der Vokabelliste Hauptwörter aus, die für Sie in Frage kommen und setzen Sie sie entsprechend den folgenden Beispielen ein:

hotel kodjâ aßt / **hotel kodjâ-ßt?**
Hotel wo ist / *(U)*
Wo ist das Hotel?

man otâgh mi·châh·am / **mi·châ·m.**
ich Zimmer will(ich) / *(U)*
Ich möchte ein Zimmer.

schomâ otâgh dâr·id / **dâr·in?**
ihr Zimmer habt(ihr) / *(U)*
Haben Sie ein Zimmer?

otâgh tschand mi·schaw·ad / **mi·sch·e?**
Zimmer wie-viel wird(es) / *(U)*
Was kostet das Zimmer?

Kauderwelsch-AusspracheTrainer
Falls Sie sich die wichtigsten persischen Sätze, die in diesem Buch vorkommen, einmal von einer Einheimischen gesprochen anhören möchten, kann Ihnen Ihre Buchhandlung den ***AusspracheTrainer (Audio-CD)*** *zu diesem Buch besorgen. Sie bekommen ihn auch über unseren Internetshop* ***www.reise-know-how.de*** *Der* ***AusspracheTrainer*** *steht dort auch als* ***MP3-Download*** *zur Verfügung. Alle Sätze, die Sie auf dem* ***AusspracheTrainer*** *hören können, sind in diesem Buch mit einem 👂 gekennzeichnet.*

Hauptwörter

Die Hauptwörter (Substantive) im Persischen haben kein Geschlecht. Es gibt keinen bestimmten Artikel („der, die, das").

aruß	die Braut / Schwiegertochter
dâmâd	der Bräutigam / Schwiegersohn
schouhar	der Ehemann
âghâ	der Herr
chânom / zan	die (Ehe-)Frau
mard	der Mann
peßar	der Junge / Sohn
dochtar	das Mädchen / die Tochter
aber: **ham-ßar**	der Ehemann / die Ehefrau

Mit dem hinweisenden Fürwort in *dieser* und ân *jener* kann man aber gewissermaßen doch grammatische Bestimmtheit ausgedrücken:

in durbin
dieser Fotoapparat

ân bâgh
jener Garten

Ist die Angabe des Geschlechts notwendig, so wird es durch Anhängen von mard *Mann*, zan *Frau*, peßar *Junge* sowie dochtar *Mädchen* angezeigt. Die Verbindung wird durch die unbetonte Endung -e / -ye hergestellt:

moßâfer·e mard
Reisender-G Mann
der Reisende

foruschande·ye zan
Verkäufer-G Frau
die Verkäuferin

Zur Wortstellung im Satz: Die einzige feste Position nimmt die Satzaussage (Prädikat) ein. Diese steht immer am Satzende.

Ein Hauptwort gilt als „bestimmt", wenn es durch den Kontext oder als allgemeingültige Aussage dem Hörer der Sprachäußerung bereits bekannt ist. Beispiele:

pandjere bâz aßt.
= *Das Fenster ist offen.*

waght talâ aßt.
= *(Die) Zeit ist Gold.*

Für -e / -ye *steht in der Wort-für-Wort-Zeile „-G" (d. h. Genitiv).*

dußt·e dochtar	**dußt·e peßar**
Freund-G Mädchen	*Freund-G Junge*
die Freundin	der Freund

Tiere

Bei Tieren kann das Geschlecht mit nar *männlich* und mâde *weiblich* verdeutlicht werden.

chuk	das Schwein
chuk·e nar	der Eber
chuk·e mâde	die Sau
ßag	der Hund
ßag·e nar	der Rüde
ßag·e mâde	die Hündin
morgh	das Huhn / die Henne
aber: **choruß**	der Hahn

unbestimmter Artikel

Es gibt keinen unbestimmten Artikel im Persischen. Der deutsche unbestimmte Artikel („ein, eine“) kann aber durch ein angehängtes unbetontes -i oder durch die vorgestellte Zahl yek *eins* ausgedrückt werden:

Es können auch beide Formen kombiniert vorkommen yek mard·i = *(irgend)ein Mann*

mard·i	(irgend)ein Mann
yek mard	ein Mann

Mehrzahl (Plural)

Zur Mehrzahlbildung wird die Nachsilbe -hâ angehängt (in der Wort-für-Wort-Zeile: *Mz*):

kâch	der Palast	**kâch·hâ**	die Paläste
tup	der Ball	**tup·hâ**	die Bälle

Wenn ein Wort auf zwei Konsonanten endet, wird in der Umgangssprache vereinfacht:

tscheschm·hâ = tschesch·hâ *Augen*
daßt·hâ = daß·hâ *Hände*
dußt·hâ = duß·hâ *Freunde*
pußt·hâ = puß·hâ *Häute*

Bei einigen Wörtern wird auch die Endung -ân benutzt, z. B. bei Lebewesen (einschl. Pflanzen) und Körperteilen. Endet ein Wort auf -e, wird vor -ân ein -g- eingefügt. Dabei entfällt dann der Buchstabe ه he in der Schrift. Bei Wörtern auf -â, -i oder -u wird schließlich der Laut -y-vor -ân gesetzt.

tscheschm·hâ / tscheschm·ân	die Augen
kudak·hâ / kudak·ân	die Kinder
parande·hâ / parande·gân	die Vögel
âghâ·hâ / âghâ·yân	die Herren
irân·i·hâ / irân·i·yân	die Iraner
dâneschdju·hâ / -·yân	die Studenten

Dann gibt es noch die arabischen Mehrzahlformen bei Lehnwörtern. Bleiben Sie ruhig bei -hâ, das ist immer richtig. Dennoch hier ein paar Beispiele:

ettelâ' – ettelâ'·ât
Information – Informationen

moßâfer – moßâfer·in
Reisender – Reisende

dâru – dâru·djât
Arznei – Arzneien

Nach Zahlwörtern steht das Hauptwort immer in der Einzahl (Singular):

yek ßang	ein Stein
do ßang	zwei Steine

Ebenso kann man die Einzahl statt der Mehrzahl benutzen, wenn es sich um allgemeine Feststellungen, eine unbestimmte Menge, Körperteile oder Ergänzungen der Satzaussage (des Prädikats) handelt:

gheymat·e châne dar landan cheyli bâlâ aßt.
Preis-G Haus in London sehr hoch ist(er)
Die Häuserpreise in London sind sehr hoch.

man kafsch ziyâd dâr·âm.
ich Schuh viel habe(ich)
Ich habe viele Schuhe.

daßt·am tamiz aßt.
Hand-mein sauber ist(sie)
Meine Hände sind sauber.

mâ chalabân haßt·im
wir Pilot sind(wir)
Wir sind Piloten.

Eigenschaftswörter bleiben ebenfalls in der Einzahl, wenn das Bezugswort in der Mehrzahl steht:

Zur Schrift: Die Variante -e wird nicht geschrieben (nur gelegentlich umgangsschriftlich), und -ye wird zumeist durch ی wiedergegeben. In Wörtern, die auf -e (geschrieben als ه he) enden, kann man zur Wiedergabe von -ye auf das ه auch ein Hamze ء setzen anstatt ی zu schreiben. Nach ی -i als Endvokal wird -ye gar nicht geschrieben (dennoch aber ausgesprochen).

tuti / bolbol·hâ·ye zibâ / choschgel
Papagei / Nachtigall-Mz-G schön / schön
die schönen Papageien / Nachtigallen

ezâfe-Verbindung

Wie schon wiederholt in der Randspalte angedeutet, können mit Hilfe der so genannten ezâfe-Konstruktion („Hinzufügung"), d. h. der unbetonten Endung -e / -ye, die an ein Hauptwort antritt, verschiedene nähere Bestimmungen (Attribute) mit diesem verbunden werden. Ein solches Attribut kann ein Hauptwort, ein Eigenschaftswort, ein Umstandswort, ein Fürwort, ein Partizip (Mittelwort) der Vergangenheit oder ein Zahlwort sein. Es handelt sich bei dieser Konstruktion also keineswegs immer um einen Genitiv im Sinne des Deutschen. Bei manchen feststehenden Wortzusammensetzungen entfällt -e / -ye.

ßorch-pußt
Indianer

hezâr-pâ
Tausendfüßler

ßang-del
hartherzig

âb·e daryâ
Wasser-G Meer
das Wasser des Meeres

lâne·ye parande
Nest-G Vogel
das Nest des Vogels

pol·e ghaschang
Brücke-G schön
die schöne Brücke

ßâl·e awwal
Jahr-G erstes
das erste Jahr

mâh·e gozascht·e
Monat-G vergangen
der vergangene Monat

râh·e dur
Weg-G weit
der weite Weg

bâlâ·ye komod
oben-G Schrank
oben auf dem Schrank

zir·e patu·ye garm
unter-G Decke-G warm
unter der warmen Wolldecke

pari·ye chub
Fee-G gut
die gute Pari

pul·e man
Geld-G ich
mein Geld

pari *(„Fee") und auch* daryâ *(„Meer") sind beliebte Mädchennamen.*

ezâfe-Verbindungen können auch aneinander gereiht werden:

deracht·e lâne·ye parande
Baum-G Nest-G Vogel
der Baum des Nestes des Vogels

Wenfall (Akkusativ)

in der Wort-für-Wort-Zeile mit „4“ wiedergegeben

Der Wemfall (Dativ) wird im Kapitel „Beugung der persönlichen Fürwörter“ vorgestellt.

Der 4. Fall wird durch das Element râ gebildet, das dem bestimmten direkten Objekt folgt. Es wird meist als einzelnes Wort geschrieben, bei Fürwörtern aber auch als Endung. Bei mehreren aufeinanderfolgenden -e/-ye-Verbindungen wird râ an das letzte Wort gesetzt. Im Plural steht râ nach der Mehrzahlendung. Ist das Hauptwort unbestimmt, steht râ ebenfalls an letzter Stelle. In diesem Fall wird etwas Unbestimmtes zu „einem gewissen XY“, also sozusagen „halb-bestimmt“ gemacht.

u nâme râ newescht
er Brief 4 schrieb(er)
Er schrieb den Brief.

u batschtsche·hâ râ bidâr kard.
sie Kind-Mz 4 wach machte(sie)
Sie weckte die Kinder.

pari dozd·i râ did.
Fee Dieb-ein 4 sah
Pari sah einen (gewissen) Dieb.

Eigenschaftswörter

Das Eigenschaftswort bleibt in Fall, Geschlecht und Zahl unverändert. Es wird mit Hilfe von -e / -ye hinter das Hauptwort gesetzt.

tschamadân·e ßangin
Koffer-G schwer
der schwere Koffer

mu·ye ghaschang
Haar-G schön
das schöne Haar

schâ'er·e bozorg
Dichter-G groß
der große Dichter

pâlto·ye garm
Mantel-G warm
der warme Mantel

Auch bei Hauptwörtern in der Mehrzahl bleibt das Eigenschaftswort in der Einzahl:

botri·hâ·ye châli
Flasche-Mz-G leer
die leeren Flaschen

batschtsche·hâ·ye luß
Kind-Mz-G frech
die frechen Kinder

Folgen mehrere Eigenschaftswörter, wird zwischen alle Wörter ein -e / -ye gesetzt:

dußt·e / duß·e aziz·e chub·e man
Freund-G / (U) lieb-G gut-G ich
mein lieber guter Freund

ghaßr·hâ·ye zibâ·ye ma'ruf·e irân / irun
Schloss-Mz-G schön-G berühmt-G Iran / (U)
die schönen berühmten Schlösser Irans.

In der Umgangssprache wird in einigen Haupt- und Eigenschaftswörtern usw., die mit ân *beginnen oder enden, diese Silbe oft als* un *ausgesprochen, d. h. der lange Vokal* â *wird vor einem Konsonant zu* u*. Dies gilt auch für Wörter, die auf* -dân *oder* -tân *enden.*

Vorsicht: Es ändert sich zwar umgangssprachlich irân·i *in* irun·i *(„iranisch"), aber* âlmân·i *(„deutsch") bleibt auch in der Umgangssprache unverändert. Ebenso bleibt bei manchen Wörtern mit der Mehrzahlendung* -ân *diese gleich, z. B.* daßt·ân *(„Hände"). Unveränderlich bleibt* -ân *auch, wenn es bereits ein anderes (ansonsten lautgleiches) Wort mit* -un *gibt z. B.* chân *(„Fürst"),* chun *(„Blut").*

Eigenschaftswörter bilden

Durch Anfügen eines betonten -i an ein Hauptwort lassen sich Eigenschaftswörter bilden:

âb	Wasser	**âb·i**	blau
châkeßtar	Asche	**châkeßtar·i**	grau
ßurat	Gesicht	**ßurat·i**	rosa
ghahwe	Kaffee	**ghahwe·y·i**	braun
nârandj	Orange	**nârandj·i**	orange
zemeßtân	Winter	**zemeßtân·i**	winterlich
âlmân	Deutschland	**âlmân·i**	deutsch
paschm	Wolle	**paschm·i**	wollig
tscharm	Leder	**tscharm·i**	ledern

Genauso lassen sich durch das betonte -i viele abstrakte Hauptwörter aus Eigenschaftswörtern sowie aus anderen Hauptwörtern bilden.

Endet ein Wort auf -e (im Schriftbild ein stummes h), wird vor das -i noch ein g gesetzt.

chub	gut	**chub·i**	Güte
chaßte	müde	**chaßte·gi**	Müdigkeit
âzâd	frei	**âzâd·i**	Freiheit
tanbal	faul	**tanbal·i**	Faulheit
goroßne	hungrig	**goroßne·gi**	Hunger
teschne	durstig	**teschne·gi**	Durst
arußß	Braut	**aruß·i**	Hochzeit
dozd	Dieb	**dozd·i**	Diebstahl

Viele Ausdrücke, die im Deutschen Eigenschaftswörter sind, werden im Persischen aus einem Hauptwort mit Hilfe des Verhältniswortes bâ *mit* oder bi *ohne* gebildet:

Achtung: bâ namak *kann – im ironischen Sinne gemeint – „Wie witzig!", „Wie niedlich!" bedeuten.*

ßerwatmand = *reich, der Reiche*
ßerwat = *Reichtum*
faghir = *arm, der Arme.*

wafâ	**bâ wafâ**	**bi wafâ**
die Treue	treu	untreu / treulos
namak	**bâ namak**	**bi namak**
Salz	gesalzen	ungesalzen
husch	**bâ husch**	**bi husch**
Intelligenz	intelligent	dumm / ohnmächtig
pul	**bâ pul**	**bi pul**
Geld	reich	arm
adab	**bâ adab**	**bi adab**
Höflichkeit	höflich	unhöflich

Persönliche Fürwörter

Im Persischen ist es besser, Sie duzen nicht, denn gewöhnlich wird gesiezt, aus Höflichkeit und Respekt auch in der Familie, unter Freunden und Verwandten. Sogar Kinder und Jugendliche werden gesiezt. Darum wird schomâ als gebräuchliche Anrede benutzt. Sprechen Sie über einen einzelnen Dritten, ist ischân (im Prinzip die 3. Person *Mehrzahl*) die höflichere Form.

man	ich	**mâ**	wir
to	du	**schomâ**	ihr / Sie
u (ischân)	er / sie	**ân·hâ (ischân)**	sie *(Mz)*

ischân *bezieht sich im heutigen Persisch auf eine einzelne Person, erfordert aber beim Verb die Mehrzahl!*

Bei Gegenständen bzw. für die sächliche Form „es" benutzt man statt dessen das hinweisende Fürwort in *(„diese/-r/-s") bzw.* ân (un) *(„jene/-r/-s").*

Teheran im Winter

Beugung der persönlichen Fürwörter

Die Beugung der Fürwörter erfolgt analog zur Beugung der Hauptwörter.

Wesfall (Genitiv)

Der zweite Fall wird, wie bereits gelernt, durch die ezâfe-Verbindung (-e / -ye) gebildet.

pâyetacht·e keschwar
Hauptstadt-G Land
die Hauptstadt des Landes

Wemfall (Dativ)

homâ be man pul dâd.
Homâ zu ich Geld gab(er)
Homâ gab mir Geld.

sche'r az u aßt / u-ßt.
Gedicht von er ist(es)
Das Gedicht ist von ihm.

Der 3. Fall wird mit Hilfe des Verhältniswortes be *nach, zu* gebildet. Aber auch bâ *mit* oder az *von, aus* können einem deutschen Dativ entsprechen. be wird oft mit dem nachfolgenden Wort (vielfach einem Fürwort) zusammengeschrieben, wobei ein stummes h entfällt.

be man	mir
be to	dir
be pedar	dem Vater
be pir·e zan	der alten Frau

In Verbindung mit den persönlichen Fürwörtern wird râ oft als eine Endung interpretiert.

Wenfall (Akkusativ)

Umgangssprachlich kann râ z. B. mit dem Personalpronomen Sonderformen erhalten:

ma(n)·râ / ma·ro / man·o	mich
to·râ / to·ro	dich
u·râ / u·ro / un·o	ihn / sie
mâ·râ / mâ·ro	uns
schomâ·râ / schomâ·ro	euch / Sie
ischân·râ / ischân·ro / ischun·o	sie; ihn / sie
ân·hâ râ / un·hâ·ro / un·âr·o	sie *(Mz)*

Hinweisende Fürwörter

Für Tiere und Sachen, aber auch für Personen wird in der 3. Person Einzahl und 3. Person Mehrzahl das hinweisende Fürwort in *dieser* bzw. ân *jener* gebraucht.

Umgangssprachlich kann man in·â *bzw.* un·â *anstelle von* in·hâ *bzw.* ân·hâ *sagen. Ebenso sagt man dann* in·â·ro *statt* in·hâ râ *und* un·â·ro *statt* ân·hâ râ.

1. Fall:	**ân / in** er / sie / es	**ân·hâ / in·hâ** sie *(Mz)*
3. Fall:	**be ân / be in** ihm, ihr	**be ân·hâ / be in·hâ** ihnen *(Mz)*
4. Fall:	**ân râ / in râ** ihn / sie / es	**ân·hâ râ / in·hâ râ** sie *(Mz)*

Soll das ân bzw. in besonders hervorgehoben werden, muss diesem die Partikel ham *eben, auch* vorangestellt werden.

man ham bâ schomâ mi·ây·am
ich auch mit ihr komme(ich)
Ich komme auch mit euch.

ham·in gol	eben (genau) diese Blume
ham·ân ßetâre	eben (genau) jener Stern

ham kommt aber auch als alleinstehendes Wort sowie in Wortzusammensetzungen vor.

ham-kâr *Mitarbeiter*
ham-ßen *Gleichaltriger*

Besitzanzeigende Fürwörter

Wie bereits im letzten Kapitel erwähnt, dienen die persönlichen Fürwörter, die durch -e/-ye-Verbindung dem Hauptwort nachgestellt werden, als besitzanzeigende Fürwörter:

schalwâr·e man	**gorbe·ye man**
Hose-G ich	*Katze-G ich*
meine Hose	meine Katze

Mit mâl *Besitz* kann man ebenfalls auf ein Besitztum hinweisen

mâl·e man	meins / das meinige
mâl·e to	deins / das deinige

Im Allgemeinen wird jedoch das Besitzverhältnis durch die folgenden Personalendungen zum Ausdruck gebracht.

Nach Wörtern, die auf Vokal enden, wird vor diesen Endungen noch ein -y- als Übergangslaut zwischengeschoben.

mein(-e/-er/-s), mir, mich	**-am**
dein(-e/-er/-s), dir, dich	**-at**
sein(-e/-er/-s), ihr, sie, ihm, ihn	**-asch**
unser(-e/-er), uns, uns	**-emân**
euer(-e/-er), euch; Ihnen, Sie	**-etân**
ihr(-e), sie, ihnen	**-eschân**

lebâß·am	mein Kleid
djurâb·at	dein Strumpf / deine Socke
djâru·y·asch	sein / ihr *(Ez)* Besen
keschti·y·emân	unser Schiff

ketâb·hâ·y·etân eure Bücher
châne·y·eschân ihr *(Mz)* Haus

In der Umgangssprache wird häufig die 2. Person Einzahl zu -et und die 3. Person Einzahl zu -esch. Die umgangssprachliche Umwandlung von -ân zu -un findet auch hier statt, und zwar bei den Mehrzahlendungen. Daraus ergeben sich dann die Formen -emun, -etun und -eschun. Ferner kann der Anfangslaut der Personenendungen entfallen, wenn das Wort, an das diese gehängt werden, auf einen langen Vokal endet. Das -y-, das bei zwei aufeinanderfolgenden Vokalen üblicherweise eingefügt wird, entfällt dann auch.

mu·ye man / mu·m	mein Haar
dawâ·ye u / dawâ·sch	sein Medikament
gheytschi·ye to / gheytschi·t	deine Schere

Bei -e/-ye-Verbindungen wird das besitzanzeigende Fürwort an das letzte Wort gehängt.

kule-poschti·ye ghadim·i·ye zard·e man
Rucksack-G alt-G gelb-G ich
mein alter gelber Rucksack

Verhältniswörter

In Verbindung mit besitzanzeigenden Endungen geht man umgangssprachlich wie folgt vor: Bei bâ / be *entfällt in der Einzahl das* -a-, *z. B.* bâm, bem. *In der Mehrzahl entfällt das* -e-, *z. B.* bâmun, bemun. *Beim Verhältniswort* barâye *entfällt zusätzlich noch dessen Bestandteil* -ye: barâm, barât *usw. Bei* bâ *und* be *kann man auch noch* hâ *bzw.* he *vor der Endung einfügen, z. B.* bâhâm, behem *usw. Bei* az *und* dar *kann in der 2. und 3. Pers. Ez das* -a- *der Personenendung zu* -e- *werden z. B.* azet, azesch. *In der Mehrzahl kann im Gegenzug das* -e- *auch zu* -a- *werden, z. B.* azaschun *usw.*

Es gibt einfache, also nicht zusammengesetzte Präpositionen (Verhältniswörter):

az	von / aus / seit
bâ	mit
bar	an / auf / über *(auch Vorsilbe)*
be	zu / nach / in / auf / vor / an
bi / bedune	ohne
dar	in / auf
(be) djoz	außer
tâ	bis
barâye	für

u bâ man / bâ·hâ·m / bâ·m tâ berlan âmad.
er mit ich / (U) / (U) bis Berlin kam(er)
Er kam mit mir bis nach Berlin.

be frankfurt
nach Frankfurt

dar otrisch
in Österreich

bâ to
mit dir

az landan tâ munich
von London bis München

(be) djoz man
außer mir

be / barâye moddat·e
von / für Dauer-G
für die Dauer von

barâye man wa / o to
für ich und / (U) du
für mich und dich

bi / bedune pul
ohne Geld
ohne Geld / arm

be dalil·e / ellat·e
von Grund-G
wegen

Außerdem gibt es zusammengesetzte Präpositionen, die z. B. von Hauptwörtern abgeleitet werden. Diese werden entweder durch -e / -ye oder durch eine einfache Präposition in Beziehung zum nachfolgenden Wort gebracht:

lab·e âb
Lippe-G Wasser
am Wasser

ßar·e râh
Kopf-G Weg
unterwegs

poscht·e parde
Rücken-G Gardine
hinter der Gardine

taraf·e zohr
Seite-G Mittag
gegen Mittag

châredj az mamlekat
außerhalb von Land
außerhalb des Landes

ru·ye ßandali
Gesicht-G Stuhl
auf dem Stuhl

pisch / paß az ghazâ
vor / nach von Essen
vor / nach dem Essen

tu·ye komod / ghâr
in-G Schrank / Höhle
im Schrank / in der Höhle

pahlu·ye mâdar·am
neben-G Mutter-mein
bei meiner Mutter

kenâr·e man
Rand-G ich
bei / neben mir

nazdik·e modjaßßame
Nähe-G Statue
nahe der Statue

birun·e manzel
außerhalb-G Haus
außerhalb des Hauses

waßat·e schahr
Mitte-G Stadt
mitten in der Stadt

moghâbel·e dar
gegenüber-G Tür
gegenüber der Tür

Bindewörter

Es gibt einfache Bindewörter wie z. B.:

ke dient ganz allgemein zur Einleitung eines Nebensatzes und kann daher nicht am Satzanfang stehen. ke wird u. a. auch zur Bildung von Relativsätzen verwendet.

wa	und
ke	dass / denn / weil / damit / als
agar / age *(U)*	wenn / falls
paß	also / folglich / dann
yâ	oder
ammâ / wali	aber
faghat	nur
tschon	weil / da
ham	auch
hattâ	sogar
balke	sondern
tâ	damit / seit / solange / bis
zirâ	weil / denn

Es gibt auch zweigliedrige Bindewortausdrücke:

yâ ... yâ
entweder ... oder

ham ... ham
sowohl ... als auch

na ... na
weder ... noch

Neben den einfachen Bindewörtern gibt es noch jede Menge andere mehrteilige Bindewörter, die sich aus Haupt-, Verhältniswörtern usw. zusammensetzen. Diese werden vornehmlich mit ke gebildet.

pisch az in ke	bevor
az waght·i ke	seitdem
bâ in ke	obwohl, trotzdem
bedune in ke	ohne dass
ba'd az in ke	nachdem
barâye in ke	damit / weil

Unbestimmte Fürwörter

Wie oben erwähnt kann Unbestimmtheit durch die Nachsilbe -i oder vorangestelltes yek *eins* ausgedrückt werden. Auf diese Weise bildet man auch unbestimmte Fürwörter:

(yek) djâ·y·i	irgendwo
(yek) kaß·i / yek·i	(irgend)jemand / einer
(yek) tschiz·i	(irgend)etwas
(yek) kam·i	ein wenig / etwas

djâ *Ort*
kaß *Person*
tschiz *Sache, Ding*
kam *wenig*

yek·i dar mi·zan·ad / mi·zan·e
eins-ein Tür schlägt(er) / (U)
Jemand klopft an die Tür.

In negativen Sätzen bedeutet djâ·y·i „nirgendwo“, kaß·i „niemand“, und tschiz·i „nichts“.

kaß·i dar otâgh nißt.
jemand-ein in Zimmer nicht-ist(er)
Es ist niemand im Zimmer.

man djâ·y·i ne·mi·raw·am / ne·mi·r·am.
ich Ort-ein nicht-gehe(ich) / (U)
Ich gehe nirgendwohin.

man tschiz·i ne·mi·châh·am / ne·mi·châ·m.
ich Ding-ein nicht-will(ich) / (U)
Ich möchte nichts.

Unbestimmte Fürwörter

har – jeder

Umgangssprachlich verwandeln auch manche Wörter, die auf -âm *enden, den Vokal* â *zu* u, *z. B.* kodâm = kodum *„welche/s/r“,* ârâm = ârum *„ruhig“,* âmadan = umadan *„kommen“; ferner auch* ân·djâ = un·djâ *„dort“.*

har bedeutet „jede/-r/-s“ und muss mit einem Bezugswort verwendet werden. An dieses kann auch die Unbestimmtheitsendung -i antreten.

har schachß(·i)	jedermann
har ki / **ke**	wer auch immer
har tschiz(·i) / **tsche**	was / wie auch immer
har djâ·y·i	wo auch immer
har kodâm / **kodum** *(U)*	welche auch immer

har ruz aftabi bud.
jeder Tag sonnig war(er)
Jeden Tag schien die Sonne.

hitsch – nichts

Umgangssprachlich wird oft hisch *statt* hitsch *gesagt.*

In negativen Sätzen und als Hervorhebung der Verneinung kann hitsch z. B. „nichts“ oder „überhaupt kein“ bedeuten. Die unbestimmte Endung -i kann auch noch hinzutreten.

waght *Zeit, Stunde*
Umgangssprachlich wird waght *oft zu* wacht. *Außerdem kann* tschiz *in Verbindung mit* har, hitsch *oder* hame *zu* tschi *werden.*

hitsch kaß(·i)	niemand / keine(r)
hitsch waght(·i)	nie(mals)
hitsch djâ(·y·i)	nirgendwo
hitsch tschiz(·i) / **tschi**	nichts

hawâ emruz hitsch chub nißt.
Wetter heute nichts gut nicht-ist(es)
Das Wetter ist heute überhaupt nicht gut.

In Fragen bedeutet hitsch auch „vielleicht“:

hitsch mi·dân·i / mi·dun·i u kodjâ aßt / kodjâ-ßt.
nichts weißt(du) / (U) er wo ist(er) / (U)
Weißt du vielleicht / überhaupt, wo er ist?

hame – alle

hame kann als Fürwort (alle, alles), aber auch als Adverb vorkommen.

hame dar hotel haßt·and / hotel·an.
alle in Hotel sind(sie) / (U)
Alle sind im Hotel.

hame tschiz / tschi âmâde aßt.
alles Ding / (U) fertig ist(es)
Alles ist fertig / steht bereit.

hame djâ tarik bud.
alle Ort dunkel war(er)
Überall war es dunkel.

Liste wichtiger Zeitwörter

Kauderwelsch hin, Kauderwelsch her, Vokabeln lernen muss sein. Die Wörter in der Randspalte zeigen den Gegenwartsstamm der jeweiligen Zeitwörter (Verben), deren Beugung im nächsten Kapitel erklärt wird.

Liste wichtiger Zeitwörter

raß-	**raßidan**	ankommen
pusch-	**puschidan**	anziehen / bedecken
raw-	**raftan**	gehen
pardâz-	**pardâchtan**	bezahlen
mân-	**mândan**	bleiben
feschor-	**feschordan**	drücken
chor-	**chordan**	essen / trinken
porß-	**porßidan**	fragen
tarß-	**tarßidan**	sich fürchten
zây-	**zâyidan**	gebären
paßand-	**paßandidan**	Gefallen finden / passen
schenaw-	**schenidan**	hören / zuhören
âwar-	**âwardan**	holen / bringen
djang-	**djangidan**	kämpfen
char-	**charidan**	kaufen
paz-	**pochtan**	kochen
tawân-	**tawâneßtan**	können
ây-	**âmadan**	kommen
buß-	**bußidan**	küssen
chand-	**chandidan**	lachen
daw-	**dawidan**	laufen / rennen
gozâr-	**gozâschtan**	legen / stellen
chân-	**chândan**	lesen
dah-	**dâdan**	geben
bây-	**bâyeßtan**	müssen / sollen
duz-	**duchtan**	nähen
bardâr-	**bardâschtan**	nehmen / aufheben
gir-	**gereftan**	nehmen / bekommen
kâr-	**kâschtan**	pflanzen / säen
guy-	**goftan**	sagen / reden
fereßt-	**fereßtâdan**	schicken
châb-	**châbidan**	schlafen

zadan	schlagen	zan-
baßtan	schließen / binden	band-
boridan	schneiden	bor-
neweschtan	schreiben	newiß-
didan	sehen	bin-
neschaßtan	sitzen	neschin-
ißtâdan	stehen	ißt-
dozdidan	stehlen	dozd-
mordan	sterben	mir-
bâftan	stricken / weben	bâf-
raghßidan	tanzen	raghß-
bordan	tragen / mitnehmen	bar-
nuschidan	trinken	nusch-
foruchtan	verkaufen	forusch-
bâchtan	verlieren / verspielen	bâz-
bachschidan	verschenken / entschuldigen	bachsch-
fahmidan	verstehen	fahm-
dâneßtan	wissen / kennen	dân-
schoßtan	waschen	schuy-
andâchtan	werfen	andâz-
arzidan	wert sein / kosten	arz-
schomordan	zählen	schomor-
schekaßtan	zerbrechen	schekan-
larzidan	zittern	larz-

Zeitwörter & Zeiten der Gegenwart

Der Infinitiv (Grundform) endet auf -an, dem stets noch ein -d- oder -t- vorangeht. Um ein Verb dann aber beugen zu können, muss man auch noch dessen Gegenwartsstamm und Vergangenheitsstamm kennen.

Der Vergangenheitsstamm wiederum enthält stets das -d- / -t- *der Infinitivformen.*

Bei regelmäßigen Verben erhält man den Gegenwartsstamm, indem man das -tan / -dan des Infinitivs wegstreicht. So entsteht aus bâftan *stricken, weben* dessen Gegenwartsstamm bâf-. Bei Verben auf -idan und -eßtan muss dazu auch noch -id- bzw. -eß- gestrichen werden, ansonsten sind sie immer regelmäßig: charidan *kaufen* hat so als Gegenwartsstamm char-. Ansonsten kann man leider nicht erkennen, ob ein Verb regelmäßig ist. Die unregelmäßigen Verben muss man auswendig lernen. Dazu gehören auch budan *sein* und dâschtan *haben*.

An den Gegenwartsstamm werden dann folgende Personalendungen angehängt.

Umgangssprachlich wird die 3. Person Einzahl zu -e / -ye. *Die 2. und 3. Person Mehrzahl werden zu* -in *bzw.* -an.

	Einzahl	Mehrzahl
1. Person	**-am**	**-im**
2. Person	**-i**	**-id**
3. Person	**-ad**	**-and**

Sie gelten für alle Verben und alle Zeitstufen. Eine Ausnahme ist die 3. Person Einzahl der Vergangenheit. Hier bleibt es beim Vergangenheitsstamm. Außerdem zeigen die Verben budan *sein* und dâschtan *haben* Abweichungen.

Gegenwart (Präsens)

Mit der betonungstragenden Vorsilbe mi-, dem Gegenwartsstamm und den Personalendungen bildet man nun die Präsensformen:

man mi·kon·am	ich tue / mache
to mi·kon·i	du tust / machst
u mi·kon·ad	er / sie tut / macht
mâ mi·kon·im	wir tun / machen
schomâ mi·kon·id	ihr tut / Sie tun / ihr macht / Sie machen
ân·hâ mi·kon·and	sie tun / machen

Wörter, deren Präsensstamm auf -aw- *oder* -guy- *lauten, ziehen diese Silben in der Umgangssprache oft mit der Vorsilbe zusammen, z. B.* man mi·guy·am = man mi·g·am *„ich sage"*.

man (be) bâzâr mi·raw·am / mi·r·am.
ich(zu) Bazar gehe(ich) / (U)
Ich gehe zum Bazar.

man kâr mi·kon·am.
ich Arbeit mache(ich)
Ich arbeite.

Sein & Haben

Das Verb dâschtan *haben*, Gegenwartsstamm dâr-, wird folgendermaßen gebeugt:

man dâr·am	ich habe
to dâr·i	du hast
u dâr·ad	er / sie hat
mâ dâr·im	wir haben
schomâ dâr·id	ihr habt / Sie haben
ân·hâ dâr·and	sie haben

dußt dâschtan
lieben, mögen

man to·râ dußt dâr·am.
ich du-4 Freund habe(ich)
Ich habe dich lieb.

u pul dâr·ad / dâr·e.
er Geld hat(er) / (U)
Er hat Geld.

Statt des râ *geht es auch so:* man duß(t)·at dâr·am / man duß·et dâr·am.

Das (Hilfs-)Verb budan *sein* wird in der Gegenwart gebeugt, als wäre es (h)aßtân. In der 3. Person Einzahl wird an den Stamm keine Endung angehängt, d. h. es bleibt bei (h)aßt.

Die persönlichen Fürwörter für den Satzgegenstand (das Subjekt) benutzt man nur bei besonderem Nachdruck.

Nach Wörtern, die auf Vokal auslauten, kann dieser umgangssprachlich in der 2. und 3. Person Einzahl mit (h)aßt *verschmelzen, d. h. das* a *entfällt dann. Oder aber* (h)aßt *fällt ganz weg und wird dann als* -e / -ye *realisiert. Die dritte Möglichkeit ist es, einfach die Personalendungen mit den entsprechenden umgangssprachlichen Formen an die Ergänzung des Prädikats anzuhängen.*

(man)	**haßt·am**	ich bin
(to)	**haßt·i**	du bist
(u)	**haßt / aßt**	er / sie ist
(mâ)	**haßt·im**	wir sind
(schomâ)	**haßt·id**	ihr seid / Sie sind
(ân·hâ)	**haßt·and**	sie sind

man chaßte haßt·am.
ich müde bin(ich)
Ich bin müde.

u châb aßt / châb·e.
er Schlaf ist(er) / (U)
Er schläft.

u paschimân aßt.
er reumütig ist(er)
Er ist reumütig / bereut es.

u tarßu aßt.
er ängstlich ist(er)
Er ist ängstlich.

Um Sätze vom Typ „Du bist es!“ auszudrücken, hängt man die Personalendungen direkt an die entsprechenden persönlichen Fürwörter (für den Satzgegenstand) an.

man·am	ich bin es
to·y·i	du bist es
u·aßt / u-ßt	er / sie ist es
mâ·y·im	wir sind es
schomâ·y·id	ihr seid es
ischân·and	sie sind es

u moßâferat aßt.
er Reise ist(er)
Er ist verreist.

man bidâr·am.
ich wach-bin(ich)
Ich bin wach.

Nach dem Personalpronomen steht das Hauptwort immer in der Einzahl.

mâ dâneschdju / turißt haßt·im.
wir Student / Tourist sind(wir)
Wir sind Studenten / Touristen.

dâneschdju *setzt sich zusammen aus* dânesch *„Wissen“ und* dju- / djuy-, *dem Gegenwartsstamm von* djoßtan *„suchen, ausfindig machen“.*

Vergangenheit

Den Vergangenheitsstamm aller Verben erhält man, wenn vom Infinitiv lediglich die Endung -an weggelassen wird (bâftan – bâft-). An diesen somit stets auf -t oder -d auslautenden Vergangenheitsstamm werden dann die Personalendungen angehängt. Eine Ausnahme ist die 3. Person Einzahl. Deren Form entspricht dem bloßen Vergangenheitsstamm.

Vergangenheit

Bei einer Handlung, die gerade geschieht oder geschehen ist, kombiniert man die Vorsilbe mi- *mit dem Gegenwartsstamm* dâr- *von* dâschtan *„haben", das gebeugt vor dem Hauptverb steht. Das Hauptverb wird ebenfalls gebeugt.*
to dâr·i tsche kâr mi·kon·i?
= Was tust du gerade?
man dâr·am nâhâr mi·chor·am.
= Ich esse gerade Mittag / bin beim Mittagsessen.

man	**raft·am**	ich ging
to	**raft·i**	du gingst
u	**raft**	er / sie ging
mâ	**raft·im**	wir gingen
schomâ	**raft·id**	ihr gingt
ân·hâ	**raft·and**	sie gingen

man (yek) nâme neweschtam.
ich (eins) Brief schrieb(ich)
Ich schrieb einen Brief.

man (dar) bâzâr bud·am.
ich (in) Bazar war(ich)
Ich war im Bazar.

u be hotel raft.
sie zu Hotel ging(sie)
Sie ging ins Hotel.

Für Handlungen, die ständig andauern oder sich wiederholen, verwendet man die Vorsilbe mi- in Kombination mit dem Vergangenheitsstamm.

man do ruz dar hafte kâr mi·kard·am.
ich zwei Tag in Woche Arbeit machte(ich)
Ich arbeitete zwei Tage in der Woche.

Vollendete Gegenwart

Wenn man die Infinitivendung -an weglässt und statt dessen ein -e anhängt, erhält man das Partizip Perfekt (Mittelwort der Vergangenheit), z. B. kard·e *gemacht*. Damit lässt sich wie im Deutschen die vollendete Gegenwart bilden, die im Persischen allerdings seltener gebraucht wird als die einfache Vergangenheit. Oft wird in der 3. Person Einzahl aßt weggelassen.

man	**kard·e·am**	ich habe gemacht
to	**kard·e·i**	du hast gemacht
u	**kard·e (aßt)**	er / sie hat gemacht
mâ	**kard·e·im**	wir haben gemacht
schomâ	**kard·e·id**	ihr habt gemacht
ân·hâ	**kard·e·and**	sie haben gemacht

Mit dem Partizip Perfekt und budan *bildet man schließlich die vollendete Vergangeheit (Plusquamperfekt):* mâ (be) bâzâr raft·e bud·im. *= Wir waren zum Bazar gegangen.*

u nân charid·e aßt.
er Brot gekauft ist(er)
Er hat Brot gekauft.

man chorâk chord·e·am.
ich Essen gegessen(ich)
Ich habe gegessen.

Tourist vor der Investitur des Ardeschir II (379-383 n. Chr.) bei Tagh-e Bostan, Kermanschah

Zukunft

Mit châh-, dem Gegenwartsstamm des Hilfsverbs châßtan *wollen* und den Personalendungen bildet man die Zukunftszeit. Darauf folgt am Satzende das Hauptverb im Vergangenheitsstamm, d. h. ohne Personalendung.

man	**châh·am kard**	ich werde machen
to	**châh·i goft**	du wirst sagen
u	**châh·ad chord**	er / sie wird essen
mâ	**châh·im gereft**	wir werden nehmen
schomâ	**châh·id raft**	ihr werdet gehen
ân·hâ	**châh·and newescht**	sie werden schreiben

man telefon châh·am kard.
ich Telefon will(ich) machte
Ich werde anrufen.

man mowâzeb châh·am bud.
ich vorsichtig will(ich) war
Ich werde aufpassen.

man fardâ châh·am raft.
ich morgen will(ich) ging
Ich werde morgen gehen.

Wie im Deutschen kann man auch die Gegenwartsform für die Zukunft benutzen.

man fardâ mi·raw·am / **mi·r·am.**
Ich gehe morgen.

Zusammengesetzte Verben

Es gibt eine Vielzahl von zusammengesetzten Verben. Hier verbindet sich ein einfaches Verb, z. B. kardan, mit einem Hauptwort, Adjektiv usw. und bildet so einen neuen Begriff.

kâr kardan	arbeiten	*Arbeit machen*
ßefâresch kardan	etwas ausrichten	*Bestellung machen*
taschakkor kardan	sich bedanken	*Dank machen*
châhesch kardan	bitten	*Bitte machen*
tab kardan	Fieber bekommen	*Fieber machen*
chabar kardan	benachrichtigen	*Nachricht machen*
schekâyat kardan	sich beschweren	*Beschwerde machen*
hadß zadan	vermuten	*Vermutung schlagen*
fekr kardan	denken / meinen	*Gedanke machen*
daryâft kardan	erhalten	*Erhalt machen*
zarar kardan	Schaden erleiden	*Schaden machen*
peydâ kardan	finden	*sichtbar machen*
ßo'âl kardan	fragen	*Frage machen*
por kardan	füllen / aufladen	*voll machen*
farâmusch kardan	vergessen	*Vergessen machen*
komak kardan	helfen	*Hilfe machen*
doroßt kardan	in Ordnung bringen	*richtig machen*
eschtebâh kardan	sich irren	*Fehler machen*
bâz kardan	öffnen	*offen machen*
emtehân kardan	prüfen	*Prüfung machen*
ßafar kardan /	verreisen	*Reise machen*
moßâferat kardan		*Reise machen*
ta'mir kardan	reparieren	*Reparatur machen*
ßedâ kardan	rufen	*Stimme machen*
farâr kardan	flüchten	*Flucht machen*

Zusammengesetzte Verben

sauber machen	**tamiz / pâk kardan**	sauber machen
Untersuchung machen	**mo'âyene kardan**	untersuchen *(Arzt)*
Zweifel haben	**schak dâschtan**	zweifeln
Ohr machen	**gusch kardan**	zuhören
Vorstellung machen	**chiyâl kardan**	sich vorstellen
Antwort geben	**djawâb dâdan**	antworten
Hoffnung sein	**omidwâr budan**	hoffen
Nachricht geben	**chabar dâdan**	mitteilen
Bestellung geben	**ßefâresch dâdan**	bestellen
Geruch geben	**bu dâdan**	riechen / stinken
Schulden geben	**gharz dâdan**	verleihen / ausleihen
Versprechen geben	**ghoul dâdan**	versprechen
Kälte essen	**ßarmâ chordan**	sich erkälten
Essen essen	**ghazâ chordan**	essen
Erde essen	**zamin chordan**	hinfallen
Wiederholung machen	**tekrâr kardan**	wiederholen
Wasser essen	**âb chordan**	(Wasser) trinken
Dauer ziehen	**tul keschidan**	dauern
wütend werden	**aßabâni schodan**	wütend werden
Scham ziehen	**chedjâlat keschidan**	schämen
Meinung haben	**aghide dâschtan**	meinen
Hand werfen	**daßt andâchtan**	auslachen
nötig haben	**lâzem dâschtan**	brauchen / benötigen
Gültigkeit haben	**e'tebâr dâschtan**	gültig
Freund haben	**dußt dâschtan**	lieben / mögen
Glückwunsch sagen	**tabrik goftan**	gratulieren
Entschuldigung wollen	**ma'zerat / ozr châßtan**	sich entschuldigen
Fasten nehmen	**ruze gereftan**	fasten
Klingel schlagen	**zang zadan**	klingeln
Stimme schlagen	**ßedâ zadan**	rufen
verliebt werden	**âschegh schodan**	sich verlieben
vorsichtig sein	**mowâzeb budan**	vorsichtig sein
Buchstabe schlagen	**harf zadan**	sprechen

Befehlsform

Zur Bildung der Befehlsform (Imperativ) setzt man vor den Gegenwartsstamm die Vorsilbe be-. Die 2. Person Mehrzahl erhält die Personalendung -id.

be·pusch	Zieh dich an!
be·gir	Nimm!
be·bin	Sieh!
be·char·id	Kauft!

In bestimmten lautlichen Umgebungen kann die Vorsilbe be- zu bo- oder bi- abgewandelt werden. Bei Verben mit vokalisch anlautendem Gegenwartsstamm tritt dann z. B. die Kombination bi- + Übergangslaut -y- auf.

bi·y·âwar / **bi·y·âr** *(U)*	Bring!
bi·y·â	Komm!
Ausnahme:	
ißt	Stehen bleiben!
be·ißt	Bleib stehen!

Umgangssprachlich wird be·ißt *(von* ißtâdan *„stehen, anhalten" zu* wâ·ßt·â.

Die Vorsilbe bo- kann auftreten, wenn der Gegenwartsstamm -o- enthält:

be·chor / **bo·chor**	Iss!
be·chor·id / **bo·chor·id**	Esst!
be·kon / **bo·kon**	Mach!
be·kon·id / **bo·kon·id**	Macht!

Befehlsform

Die Befehlsform von bu·dan *„sein" wird vom Gegenwartsstamm* bâsch- *gebildet, und die von* dâschtan *„haben" mit Hilfe von dessen Mittelwort der Vergangenheit* dâscht·e + bâsch-.

ßâket bâsch·id.
= Seid leise!

mowâzeb bâsch.
= Sei vorsichtig!

dâschte bâsch.
= Behalte (es)!

Bei zusammengesetzten Verben mit kardan *wird* be- *meistens weggelassen.*

Bei Gegenwartsstämmen auf -ây bzw. -uy können diese aufgrund lautlicher Zusammenziehungen zu -ou / -o werden und dann wiederum die Vorsilben-Variante bo- nach sich ziehen.

bo·dou / **bo·do**	Lauf!
be·daw·id / **bo·do(u)·id**	Lauft!
bo·rou / **bo·ro**	Geh!
aber: **be·raw·id** / **be·r·id** *(U)*	Geht!

Bei zusammengesetzten Verben tritt be- vor das Grundverb, also effektiv zwischen die Ergänzung und den Verbstamm.

chedjâlat be·kesch!	**gusch be·dah·id!**
Scham ziehe(du)	*Ohr gebt(ihr)*
Schäm dich!	Hört zu!

fekr (be·)kon!	**bâz (be·)kon!**	**bo·rou birun!**
Gedanke mache	*offen mache*	*geh draußen*
Denk nach!	Mach auf!	Geh hinaus!

Bei verneinten Befehlen wird die Vorsilbe be- durch na- ersetzt.

na·kon	Mach (das) nicht!
na·rou	Gehe nicht!
na·yâ	Komm nicht!
na·gir	Nimm (das) nicht!
na·tarß	Habe keine Angst!

Fragen & Fragesätze

Fragesätze ohne Fragewort (Ja-Nein-Fragen) gleichen im Satzbau einem Aussagesatz. Es muss lediglich durch den Tonfall deutlich gemacht werden, dass es sich um eine Frage handelt. Fragewörter stehen, anders als im Deutschen, oft vor der Satzaussage.

Übrigens: Das Fragezeichen ؟ *und das Komma* ، *werden in der persisch-arabischen Schrift umgekehrt gesetzt. Das Komma wird aber in der Schriftsprache selten verwendet.*

ki	wer
tschi / tsche	was, wie
key	wann
kodjâ	wo
kodâm / kodum *(U)*	welcher
tschand	wie viel
tscherâ	warum

key mi·y·ây·i?
wann kommst(du)
Wann kommst du?

to ki haßt·i?
du wer bist(du)
Wer bist du?

tsche chabar (aßt)?
was Nachricht (ist)
Was ist los?

az kodâm ßamt?
von welche Richtung
Aus welcher Richtung?

Durch die Vorsilbe nâ- *wird ein positiv verstandenes Wort zu einem negativen:* râhat *„Ruhe, Stille"* nâ·râhat *„Unruhe; traurig"*

tscherâ nârâhat haßt·i?
warum Kummer bist(du)
Warum bist du traurig?

in tschand aßt?
dieses wie-viel ist(es)
Was kostet das?

Mit âyâ *„ob, etwa" kann eine Ja-Nein-Frage eingeleitet werden.*

âyâ schomâ ... dâr·id?
ob ihr ... habt(ihr)
Haben Sie vielleicht...?

in tschi aßt?
dieses was ist(es)
Was ist das?

Umgangssprachlich kann man auch ku *statt* kodjâ aßt *sagen, aber dann darf kein* aßt *folgen.*

kif·am kodjâ aßt?
Tasche-meine wo ist(sie)
Wo ist meine Handtasche?

pâß·am ku?
Pass-mein wo
Wo ist mein Pass?

waght dâr·id / dâr·in?
Zeit habt(ihr) / (U)
Haben Sie Zeit?

nargeß *„Narzisse" ist ein beliebter Mädchenname.*

nargeß ku?
Narzisse wo
Wo ist Narges?

hitsch mi·dân·i rânande kodjâ aßt?
nichts weißt(du) Fahrer wo ist(er)
Weißt du vielleicht, wo der Fahrer ist?

key mi·raß·im?
wann ankommen(wir)
Wann kommen wir an?

gerye mi·kon·i?
Träne machst(du)
Weinst du?

be·raw·im / be·r·im?
gehen(wir) / (U)
Gehen wir?

Mit tsche *„was" (aber nicht mit* tschi*!) sowie der betonten Endung* -i *am Hauptwort (bzw. dessen Wortgruppe) kann der Ausruf „was für ein ..." ausgedrückt werden:*

tsche donyâ·y·i
Was für eine Welt!

tsche zan·e zibâ·y·i
Was für eine schöne Frau!

tschi mi·guy·id / mi·g·in?
was sagt(ihr) / (U)
Was sagen Sie?

schomâ mußighi·ye irân·i râ dußt dâr·id?
ihr Musik-G iranisch 4 Freund habt(ihr)
Mögen Sie die iranische Musik?

zusammengesetzte Fragewörter

Im Folgenden einige immer wiederkehrende Fragewörter, die mit tsche *was / wie* und einem nachfolgenden Hauptwort gebildet werden.

tsche·tour / tsche·djur?
was-Art / was-Weise
Wie? / Wieso?

tsche waght?
was Zeit
Wann?

tsche·ghadr?
was-Wert
Wie viel?

tsche moddat?
was Dauer
Wie lange?

Umgangssprachlich wird ghadar *zu* ghadr *oder noch kürzer* ghad.

tsche nou?
was Sorte
Welche Sorte / Art?

tsche djâ?
was Ort
Wo?

hâl·e schomâ tsche·tour aßt?
Zustand-G ihr was-Art ist
Wie geht es Ihnen?

Hier kann man nur -tour *verwenden, nicht* -djur*!*

tsche·tour·i?
was-Art-dein
Wie geht's?

chub·i?
gut-bist(du)
Geht's dir gut?

az key	*von wann*	seit wann
tâ key	*bis wann*	bis wann
az kodjâ	*von wo*	woher
be kodjâ	*nach wo*	wohin
tschand tâ	*wie-viel Stück*	wie viele
barâye tschi	*für was*	wofür / weswegen

Auf eine negative Frage kann man mit tscherâ *warum* antworten, was dann so viel wie „doch, aber sicher, gewiss doch" bedeutet:

to ghazâ na·chord·e·i?
du Speise nicht-gegessen-hast(du)
Hast du nicht gegessen?

tscherâ, man ghazâ chord·e·am.
warum ich Speise gegessen-habe(ich)
Doch, ich habe gegessen.

Ja & Nein

„Ja" bedeutet bale oder âre, wobei âre sich allerdings nicht gepflegt anhört. „Nein" drückt man mit na oder cheyr *(Wohltat)*, oder kombiniert mit na cheyr aus. Je nach Betonung kann (na) cheyr auch sehr streng klingen.

to pul dâr·i?
du Geld hast(du)
Hast du Geld?

bale, man pul dâr·am.
ja ich Geld habe(ich)
Ja, ich habe Geld.

to engeliß·i haßt·i?
du Engländer bist(du)
Bist du Engländer(in)?

bale.
ja
Ja.

na cheyr.
nein Wohltat
Nein.

na, man âlmân·i haßt·am.
nein ich Deutscher bin(ich)
Nein, ich bin Deutsche(r).

farmudan *„befehlen" ist eine höflichere Ausdrucksweise, um jemanden aufzufordern, um etwas zu bitten, zu erfragen usw.*

edjâze dâr·am?
Erlaubnis habe(ich)
Darf ich?

bale be·farmây·id
ja befehlt(ihr)
Ja, bitte.

Verneinung des Verbs

Die Verneinung wird mit der betonungstragenden Vorsilbe na- gebildet:

mâ pul na·dâr·im.
wir Geld nicht-haben(wir)
Wir haben kein Geld.

man to·râ diruz na·did·am, kodjâ bud·i?
ich dich-4 gestern nicht-sah(ich) wo warst(du)
Ich sah dich gestern nicht; wo warst du?

man na·châh·am raft.
ich nicht-will(ich) ging
Ich werde nicht gehen.

Vor der Gegenwartsvorsilbe mi- wandelt sich na- zu ne-.

man ßigâr ne·mi·kesch·am.
ich Zigarette nicht-ziehe(ich)
Ich rauche nicht.

man fârß·i ne·mi·fahm·am.
ich Persisch nicht-verstehe(ich)
Ich verstehe kein Persisch.

man schuchi ne·mi·kon·am.
ich Scherz nicht-mache(ich)
Ich scherze nicht.

Verneinung von „sein“

Die Verneinung von budan in der Gegenwart erfolgt durch nißt-.

Das heißt, bei haßt- *wird die Lautfolge* ha- *durch die Vorsilbe* ni- *ersetzt.*

man nißt·am	ich bin nicht
to nißt·i	du bist nicht
u nißt	er / sie ist nicht
mâ nißt·im	wir sind nicht
schomâ nißt·id	ihr seid / Sie sind nicht
ân·hâ nißt·and	sie sind nicht

In der Vergangenheit werden budan *und* dâschtan *mit* na- *verneint.*

u (dar) edâre nißt(·asch) / niß(·esch).
er (in) Büro nicht-ist(er) / (U)
Er ist nicht im Büro.

Man dar othâgh na·bud·am.
= Ich war nicht im Zimmer.

man aßlan chaßte nißt·am.
ich überhaupt müde nicht-bin(ich)
Ich bin überhaupt nicht müde.

Man waght na·dâscht·am.
= Ich hatte keine Zeit.

© MDj

Reisebüro im Iran

Ein wichtiges Wörtchen

Digar *anderes* ist ein wichtiges Wörtchen im Persischen und wird oft benutzt. digar kann als alleinstehendes unbestimmtes Fürwort auftreten, aber auch u. a. im Sinne von „kein(e) ... mehr", „nicht ... mehr", „noch", „schon". In der Umgangssprache sagt man dann dige.

digar	andere/-r/-s
digar·i	ein(e) andere(r)

man dige houßele na·dâr·am.
ich anderes Geduld nicht-habe(ich)
Ich habe keine Lust mehr.

u dige tschi goft?
er anderes was sagte(er)
Was hat er noch gesagt?

u dige tschiz·i na·goft
er anderes Ding-ein nicht-sagte(er)
Er hat nichts mehr gesagt.

to dige tschiz·i lâzem (na·)dâr·i?
du anderes Ding-ein nötig (nicht-)hast(du)
Brauchst du (nicht) noch irgendetwas?

man dige tschiz·i lâzem na·dâr·am.
ich anderes Ding-ein nötig nicht-habe(ich)
Ich brauche nichts mehr.

dige montazer·e tschi haßt·i / tschi·y·i?
anderes warten-G was bist(du) / (U)
Worauf wartest du noch?

man faghat / faghad do tumân dige dâr·am.
ich nur / (U) zwei Tuman anderes habe(ich)
Ich habe nur noch zwei Tuman.

bi·y·â dige!
komm(du) anderes
Komm endlich / schon!

âmad·am / umad·am dige.
komme(ich) anderes / (U)
Ich komme ja schon.

dige tschi?
anderes was
Was noch?

tscherâ dige?
warum anderes
Warum denn?

Rückbezügliche Fürwörter

Mit chod, an das die Personalendungen angefügt werden, gibt man das rückbezügliche Fürwort „sich“ bzw. „selbst“ oder auch „eigenes“ wieder.

chod·am u·râ / u·no ân·djâ / un·djâ did·am.
eigen-mein er-4 / (U) dort / (U) sah(ich)
Ich selbst / persönlich sah ihn dort.

man chod·am râ dar âyne mi·bin·am.
ich selbst-mein 4 in Spiegel sehe(ich)
Ich sehe mich selbst im Spiegel.

mâ bâ mâschin·e chod·emân mi·y·ây·im.
wir mit Auto-G eigen-unser kommen(wir)
Wir kommen mit unserem eigenen Auto.

Modalverben

Diese Modalausdrücke erfordern meist die Möglichkeitsform (Konjunktiv), d. h. den Gegenwartsstamm mit der Vorsilbe be- / bo-. Im Persischen wird diese Form angewandt, wenn eine Aussage als nicht sicher, sondern nur als möglich oder wünschenswert gilt. Dies kann Hoffnung, Befürchtung, Bitte, Befehl oder Absicht bedeuten. Das Verb budan *sein* hat hier den Stamm bâsch- (ohne be-), und dâschtan *haben* zeigt hier dâschte (das Mittelwort der Vergangenheit) zusammen mit bâsch-.

Dies ist die gleiche Vorsilbe wie bei der Befehlsform.

Die Verneinung erfolgt mit na-.

schâyad kâr dâscht·e bâsch·am!
vielleicht Arbeit gehabt dass-sei(ich)
Vielleicht habe ich zu tun!

können (tawâneßtan) / **wollen** (châßtan)

u mi·châh·ad / mi·châ·d yek hadiyye be·char·ad.
er will(er) / (U) eins Geschenk dass-kaufe(er)
Er will ein Geschenk kaufen.

Umgangssprachlich wird tawâneßtan *zu* tuneßtan, *d. h.* -aw- *wird zu* -u-.

man ne·mi·tawân·am fârß·i / be·newiß·am.
ich nicht-kann(ich) / Persisch dass-schreibe(ich)
Ich kann nicht Persisch schreiben.

müssen / sollen (bâyeßtan)

Übrigens drückt man das deutsche unpersönliche „man" im Persischen z. B. durch âdam / enßân *„Mensch" oder durch Verben der 3. Person Mz., aber ohne persönliches Fürwort aus:*

âdam / enßân bâyad kâr be·kon·ad
= Man muss arbeiten.

mi·guy·and schirâz cheyli ghaschang aßt
= Man sagt, Schiraz sei sehr schön.

bâyeßtan wird gewöhnlich in der unpersönlichen Form bâyad *(es muss)* ausgedrückt. Diese Form bleibt bei allen Personen unverändert, d. h. sie erhält keine Personalendungen. Im Persischen besteht zwischen „müssen" und „sollen" kein Unterschied.

man bâyad wazn kam (be·)kon·am.
ich muss(es) Gewicht wenig (dass-)mache(ich)
Ich muss abnehmen.

to bâyad fardâ belit be·char·i.
du muss(es) morgen Fahrkarte dass-kaufest(du)
Du musst morgen eine Fahrkarte kaufen.

mögen (meyl dâschtan / mâyel budan)

Man verwendet diese Modalausdrücke hauptsächlich, wenn man jemanden zu einer Tätigkeit auffordern will, nicht jedoch als Vollverb wie in „ich mag dich". Beide Ausdrücke hören sich ein bisschen übertrieben an, so dass Sie getrost auf châß·tan ausweichen können.

man meyl dâr·am mâhi be·chor·am / bo·chor·am.
ich Wunsch habe(ich) Fisch dass-esse(ich) / (U)
Ich möchte Fisch essen.

to mâyel haßt·i in kâr râ barâye man be·kon·i?
du wünschend bist(du) diese Arbeit 4 für ich dass-machest(du)
Möchtest du diese Arbeit für mich erledigen?

to tschiz·i meyl dâr·i be·chor·i / bo·chor·i?
du Ding-ein Wunsch hast-(du) dass-essest(du) / (U)
Möchtest du etwas essen?

dürfen (edjâze dâschtan)

Statt tawâneßtan *können* kann man auch edjâze dâschtan *Erlaubnis haben* sagen.

edjâze dâr·am az schomâ akß be·gir·am?
Erlaubnis habe(ich) von ihr Bild dass-nehme(ich)
Darf ich Sie fotografieren?

Es ist verboten Militärgelände oder amtliche Einrichtungen wie Polizeistationen, aber auch bestimmte Moscheen zu fotografieren bzw. zu filmen. Respektieren Sie es, wenn Personen nicht fotografiert werden möchten. Versetzen Sie sich bitte z. B. in der Lage, ob sie beim Beten in der Kirche fotografiert werden möchten.

Golestan-Palast, Teheran

Steigern & Vergleichen

Der Komparativ wird ausgedrückt, indem man dem Eigenschaftswort die Nachsilbe -tar anfügt. Ein gesteigertes Eigenschaftswort folgt seinem Bezugswort.

arzân	billig	**arzân·tar**	billiger
ßefid	weiß	**ßefid·tar**	weißer
dur	weit	**dur·tar**	weiter
tond	schnell	**tond·tar**	schneller

Bei Personen ist es gepflegter, für „älter“ moßen·tar *anstelle von* pir·tar *zu sagen.*

châhar·e djawân·tar / **moßen·tar**
Schwester jünger / älter
die jüngere / ältere Schwester

Im Superlativ erhält das Adjektiv die Endung -tar·in und steht vor dem Bezugswort.

Alternativ kann man den Superlativ auch durch die Kombination von az hame *„von allen“ mit dem Komparativ ausdrücken. Dies entspricht dann dem deutschen „am ... -sten“.*

kutschik·tarin otâgh
das kleinste Zimmer

az hame gerân·tar
von alle teurer
am teuersten

az hame kam·tar
von alle weniger
am wenigsten

beh- *ist die „klassische“ unregelmäßige Steigerungsstamm-Variante für „gut“.*

chub		gut
chub·tar	**beh·tar**	besser
chub·tar·in	**beh·tar·in**	beste(r/-s)
ziyâd		viel, sehr
ziyâd·tar	**bisch·tar**	mehr
ziyâd·tar·in	**bisch·tar·in**	viel mehr

Man vergleicht Personen oder Dinge miteinander, indem der Vergleichsmaßstab mit dem Verhältniswort az *von* angeschlossen wird:

to zibâ·tar az fereschte haßt·i.
du schöner von Engel bist(du)
Du bist schöner als ein Engel.

fereschte *ist auch ein Mädchenname*

Bei Gleichheit („so ... wie") geht man so vor: als erstes das Verhältniswort be *zu*, danach folgt das Eigenschaftswort, das aber durch die betonte Endung -i in ein abstraktes Hauptwort umgewandelt wird, und daran schließt man den Vergleichsmaßstab mit -ye an.

otâgh·e to be bozorg·i·ye otâgh·e man aßt.
Zimmer-G du zu Größe-G Zimmer-G ich ist(es)
Dein Zimmer ist so groß wie mein Zimmer.

Umgangssprachlich: otâgh·et be bozorg·i·ye otâgh·am e.

Zahlen & Zählen

Die Zahlen werden anders als die Buchstaben von links nach rechts geschrieben.

۰	0	**ßefr**			
۱	1	**yek**	۶	6	**schesch** / **schisch** *(U)*
۲	2	**do**	۷	7	**haft**
۳	3	**ße**	۸	8	**hascht**
۴	4	**tschahâr** / **tschâr** *(U)*	۹	9	**noh**
۵	5	**pandj**	۱۰	10	**dah**

Die Zahlen 4, 5 und 6 werden oft auch so geschrieben:

4 ٤

5 ٥

6 ٦

Die Zahlen von 11 bis 19 enden auf -dah *„zehn".*

۱۱ 11	**yâz·dah**	۱۶ 16	**schânz·dah** / **schunz·dah** *(U)*
۱۲ 12	**dawâz·dah**	۱۷ 17	**hew·dah** / **hiw·dah**
۱۳ 13	**ßinz·dah** / **ßiz·dah** *(U)*	۱۸ 18	**hedj·dah** / **hidj·dah**
۱۴ 14	**tschahâr·dah** / **tschâr·dah** *(U)*	۱۹ 19	**nuz·dah**
۱۵ 15	**pânz·dah** / **punz·dah** *(U)*		

20	**bißt**	60	**schaßt**
30	**ßi**	70	**haftâd**
40	**tschehel** / **tschel**	80	**haschtâd**
50	**pandjâh**	90	**nawad**

Zahlen von 100 bis 900 enden auf ßad *„hundert" (außer 200).*

100	**ßad**	600	**schesch·ßad** / **schisch·ßad**
200	**dewißt**		
300	**ßi·ßad**	700	**haft·ßad** / **haf·ßad**
400	**tschahâr·ßad** / **tschâr·ßad**	800	**hascht·ßad** / **hasch·ßad**
500	**pân·ßad** / **pun·ßad**	900	**noh·ßad**

Zahlen von 1.000 bis 900.000 enden auf hezâr *„tausend". Zusammengesetzte Zahlen werden von groß nach klein gebildet. Zwischen die Gruppen tritt jeweils „und" (geschrieben* wa*, ausgesprochen* o*).*

1.000	**(yek) hezâr**	10.000	**dah·hezâr**
2.000	**do·hezâr**	100.000	**ßad hezâr**
1.000.000		**(yek) milyun** / **melyun**	
1.000.000.000		**(yek) milyârd** / **melyârd**	

21	**bißt o yek**
152	**ßad o pandjâh o do**
7.277	**haft·hezâr o dewißt o haftâd o haft**
12.987	**dawâz·dah hezâr o noh·ßad o haschtâd o haft**

Nach Zahlen steht das Gezählte im Singular:

haft ruz / hafte / mâh / ßâl
sieben Tag / Woche / Monat / Jahr
sieben Tage / Wochen / Monate / Jahre

Kategoriewörter

dâne	Korn, Stück *(Samen, Obst)*
djoft	Paar *(für Schuhe, Paare von Gegenständene im Allgemeinen, auch Tiere)*
daßt	Hand, Anzüge, Kostüme, Geschirr, Möbel *(Zusammengehöriges)*
daßte	Bund, Strauß *(für Gemüse, Blumen)*
kalâf(e)	Knäuel *(für Wolle)*
nafar	Person *(für Menschen)*
djeld	Band *(für Bücher)*

Im Allgemeinen gebraucht man tâ *„Stück" für alle Hauptwörter, wobei das Hauptwort in der Einzahl steht.*

yek / ye djoft kafsch
eins / (U) paar Schuh
ein Paar Schuhe

do kalâf(e) kânwâ
zwei Knäuel Strickwolle
zwei Knäuel Strickwolle

do tâ kiße
zwei (Stück) Beutel
zwei Beutel

yek / ye daßte gol
eins / (U) Strauß Blume
ein Strauß Blumen

Ausnahme: Nach der Zahl yek *„eins" (oft* ye *gesprochen, nicht aber beim Abzählen) kann* tâ *nicht benutzt werden.*

yek / ye daßt kot o schalwâr
eins / (U) Hand Jackett und Hose
ein Anzug

yek / ye (dâne / dune) nân
eins / (U) (Stück / (U)) Brot
ein (Stück) Brot

do (djeld) ketâb
zwei (Band) Buch
zwei Bücher

Oft kann das Kategoriewort aber auch fehlen.

do nafar ßarbâz / gedâ / raghghâß / akkâß
zwei Person Soldat / Bettler / Tänzer / Fotograf
zwei Soldaten / Bettler / Tänzer / Fotografen

Ordnungszahlen

Ordnungszahlen bildet man durch Anfügen der Endung -om bzw. -om·in an die Grundzahlen. Die Zahlen do und ße werden mit der Endung zusätzlich durch ein verdoppeltes w verbunden

Für „erster" kann auch awwal *oder* awwal·in *(seltener* nachoßt *bzw.* nachoßt·in*) gesagt werden.*

erste	**yek·om / yek·om·in**
zweite	**do·ww·om / do·ww·om·in**
dritte	**ße·ww·om / ße·ww·om·in**
vierte	**tschahâr·om / tschahâr·om·in**
zehnte	**dah·om / dah·om·in**

do·ww·om = zweite

Die Ordnungszahlen awwal und solche mit der Endung -om stehen nach dem Hauptwort und erfordern die -e/-ye-Verbindung:

ruz·e haft·om
Tag-G siebte
der siebte Tag

darß·e awwal
Lektion-G erste
die erste Lektion

Dagegen werden awwal·in und jene mit der Endung -om·in stets vor das Hauptwort gestellt, und zwar ohne -e/-ye-Verbindung:

awwal·in bâr
erste Mal
das erste Mal

ße·ww·om·in schab
dritte Nacht
die dritte Nacht

Bruchzahlen

Brüche werden ganz einfach aus den Grundzahlen und den Ordnungszahlen gebildet:

yek ße·ww·om *eins drittes* ein Drittel
ße tschahâr·om *drei viertes* drei Viertel

Die Wörter nim *Hälfte, halb* und rob' *Viertel* werden benutzt, wenn eine ganze Zahl mit einer Bruchzahl verbunden werden soll. Dazwischen wird wieder das o „und" eingefügt.

haft o nim
sieben und halb
7 ½ (7,5)

pandj o rob'
fünf und viertel
5 ¼ (5,25)

„Hälfte, halb" heißt auch neßf:

neßf·e nân
Hälfte des Brotes (hier nicht nim!*), aber:*

neßf·e / nim·e schab
Mitternacht

Wiederholungszahlen

Adverbiale Ausdrücke, die die Anzahl von Wiederholungen einer Handlung angeben (deutsch mit *-mal*) werden im Persischen mit bâr, daf'e oder martabe gebildet.

yek / **ye** *(U)* / **do bâr**
yek / **ye** *(U)* / **do daf'e**
yek / **ye** *(U)* / **do martabe**
einmal / zweimal

ßad bâr be to / **be·h·et** / **be·t goft·am ke ...**
hundert mal zu dir / (U) / (U) sagte(ich) dass
Ich habe dir hundert Mal gesagt, dass ...

Zeitangaben

ßâ'at bedeutet sowohl „Uhr" als auch „Stunde". Auf die Frage nach der Uhrzeit wird ßâ'at mit einem -e der Zahl vorangestellt. Fragt man nach der Zeitdauer, so muss ßâ'at nach der Zahl stehen.

ßâ'at·e tschand ham-digar râ / ham-dige·o be·bin·im?
Uhr-G wie-viel einander 4 / (U) dass-sehen(wir)
Um wie viel Uhr wollen wir uns treffen?

Bei Verabredungen ist es empfehlenswert, die Tageszeit mit anzugeben, da ab 12 Uhr wieder 1 Uhr, 2 Uhr usw. gesagt wird.

ßâ'at·e haft·e schab
Uhr-G sieben-G Abend
7:00 Uhr abends

hascht o nim ßâ'at
acht und halb Stunde
8 ½ Stunden

do o rob' / do pânz·dah
zwei und ¼ / zwei und 15
2:15 Uhr / 14:15 Uhr

dah o ßi / nim
zehn und dreißig / halb
10:30 Uhr

ße ßâ'at ßabr kard·am
drei Stunde Geduld machte(ich)
Ich habe drei Stunden gewartet.

ßâ'at tschand aßt / tschand·e?
Uhr wie-viel ist(sie) / (U)
Wie spät ist es?

ße pandj kam aßt.
drei fünf wenig ist(es)
14:55 Uhr

ße rob' be dawâz·dah aßt.
drei viertel zu zwölf ist(es)
11:15 Uhr

dah daghighe az noh gozascht·e aßt.
zehn Minute von neun vergangen ist(sie)
9:10 Uhr

nazdik be haft o nim aßt.
nahe zu sieben und halb ist(es)
Es ist kurz vor 7:30 Uhr.

pandj daghighe o dah ßâniye mând·e aßt.
fünf Minute und zehn Sekunde übrig ist(sie)
Noch 5 Minuten und 10 Sekunden

ßâ'at·am châbid·e aßt / ißtâd·e aßt.
Uhr-mein eingeschlafen / gestanden ist(sie)
Meine Uhr ist stehen geblieben.

ßâ'at·am zang na·zad.
Uhr-mein Klingel nicht-schlug(sie)
Mein Wecker hat nicht geklingelt.

ßâ'at·am djelou / aghab mi·raw·ad / mi·r·e.
Uhr-mein vorne / hinten geht(sie) / (U)
Meine Uhr geht vor / nach.

ßâ'at·am kuk nißt.
Uhr-mein Aufziehen nicht-ist(sie)
Meine Uhr ist nicht aufgezogen.

kuk kardan *„aufziehen", umgangssprachlich: „jmd. nervös machen, ärgern"*

ßâ'at·am doroßt ße aßt.
Uhr-mein genau drei ist(sie)
Meine Uhr zeigt genau 15:00 Uhr.

Wochentage

Die persische Woche beginnt mit dem Samstag schambe. Der Freitag djom'e entspricht dem westlichen Sonntag.

schambe *wird im Persischen zwar* schanbe *geschrieben, aber vor* b *wird ein* n *wie* m *ausgesprochen.*

schambe	Samstag
yek schambe	Sonntag *(eins Samstag)*
do schambe	Montag *(zwei Samstag)*
ße schambe	Dienstag *(drei Samstag)*
tschahâr schambe	Mittwoch *(vier Samstag)*
pandj schambe	Donnerstag *(fünf Samstag)*
djom'e	Freitag

Zeitadverbien

emruz – diruz	heute – gestern
pariruz – fardâ	vorgestern – morgen
dischab	gestern Abend
parischab	vorgestern Abend
emschab	heute Abend
emßâl – pârßâl	dieses Jahr – voriges Jahr
hâlâ	jetzt / sofort / gleich
hanuz	wieder / noch immer
hamische – gâhi	immer – manchmal
aghlab	meistens
hargez	niemals / nie
paß fardâ	übermorgen
emruz ßobh	heute Morgen
dir – zud	spät – früh
fouran – ba'd	sofort – danach
hafte-ye pisch	vorige Woche
hafte-ye âyande	nächste Woche

„heute Morgen"

emruz tschand schambe aßt?
heute wie-viel Samstag ist(er)
Welcher Wochentag ist heute?

emruz djom'e aßt.
heute Freitag ist(er)
Heute ist Freitag.

Tageszeiten

ßobh	Morgen, morgens
schab	Abend, Nacht
ghorub	gegen Sonnenuntergang
aßr	(später) Nachmittag
zohr	Mittag
pisch az zohr	vormittags
ba'd az zohr	nachmittags
nim·e / neßf·e schab	Mitternacht
waßt·e schab	mitten in der Nacht

ßâl·e âyand·e emtehân dâr·am
Jahr-G nächstes Prüfung habe(ich)
Nächstes Jahr habe ich Prüfung.

ßâl·e gozascht·e irân bud·am.
Jahr-G vergangen Iran war(ich)
Letztes Jahr war ich im Iran.

Neujahr (nou ruz)

Das Kalenderjahr beginnt mit dem Frühlingsanfang. Im Iran fällt der erste Tag des Jahres auf den europäischen Kalendertag 20. / 21.

Das iranische Neujahrsfest und viele seiner Traditionen stammen aus der Zarathustra-Religion.

März. An diesem Tag feiert man nou ruz *neuer Tag*, das Neujahrsfest. Das Fest dauert 13 Tage, wobei die Tage der ersten Woche sowie der 13. Tag als offizielle Feiertage gelten.

Traditionsgemäß zündet man am Vorabend des letzten Mittwochs des alten Jahres ein Feuer an, das tschahâr schambe ßur·i. Man trägt Äste zu vielen kleinen Haufen zusammen. Jung und alt, Freunde und Nachbarn springen über das Feuer und singen dabei ein Lied, dass alles Böse und Schlechte von einem fern gehalten werden und dass das neue Jahr Gesundheit und Glück bringen soll.

Bis zum Neujahrsfest muss das Haus komplett geputzt (châne-takân·i) werden, und man kleidet sich neu ein. Auf jeden Fall wird am Neujahrstag ein festlicher Tisch, die ßofre bzw. ßofre·ye haft ßin, gedeckt. Auf den Tisch werden sieben (haft) verschiedene Lebensmittel gelegt, die alle mit „s" beginnen (ßin = „s"):

Symbole für:

Gesundheit	**ßib**	Apfel
Sauberkeit	**ßerke**	Essig
Medizin	**ßir**	Knoblauch
Ernte	**ßamanu**	Mehlspeise aus Malz
Natur	**ßabze**	Linsen / Weizensprösslinge
Gewürz	**ßomâgh**	Sumach-Gewürz
Liebe	**ßendjed**	Mehlbeere

Das Sumach-Gewürz wird meistens für gegrilltes Fleisch (kabâb) *verwendet.*

ßabze wird ungefähr einen Monat vor nou ruz in einem hübschen Behälter ausgesät, so dass es am Neujahrstag eine Höhe von ca. 15 cm hat. Man bindet darum eine rote Schleife.

Natürlich kommen auch andere Speisen auf den Tisch, z. B. bunt bemalte Eier, Granatäpfel, Brot, aber auch ein Spiegel, Hyanzinthen, Kerzen, ein Goldfisch in einem hübschen Wasserglas und der ghorân (Koran), bei den Zarathustriern das awesta.

Traditionell tritt auch der hâdji firuz auf, ein Mann, der sich schwarz angemalt hat. Er trägt eine schwarze Bluse mit einem roten Rock, eine Pluderhose und einen spitzen Magierhut. Mit satirischen Liedern bringt er die Leute zum Lachen. Dafür wird er mit Geldmünzen und Süßigkeiten beschenkt.

Zum Jahreswechsel wünscht man sich:

eyd·e schomâ mobârak bâsch·ad / bâsch·e!
Neujahr-G ihr Segen dass-sei(er) / (U)
Frohes Neues Jahr!

ßâl·e nou / nou ruz·etân mobârak bâsch·ad!
Jahr-G neu / neu Tag-euer Segen dass-sei(er)
Frohes Neues Jahr!

ßâl·e nou râ be schomâ tabrik mi·guy·am.
Jahr-G neu 4 zu ihr Glückwunsch sage(ich)
Ich gratuliere Ihnen zum Neuen Jahr.

mobârak bedeutet ungefähr „Segnung" oder „Glückwunsch". Meistens wird es ungeachtet der Zeitform für Situationen gebraucht, wenn man jemanden zu einer Sache oder einem Ereignis beglückwünschen will:

krißmaß mobârak
Frohe Weihnachten

ßâl·e nou(·ye) milâdi mobârak
Frohes Neues Jahr

eyd·e pâk mobârak
Frohe Ostern

kot·e nou·at / nou·et / nou·t mobârak.
Jacke-G neu-dein / (U) / (U) Glückwunsch
Glückwunsch zu deiner neuen Jacke.

tawallod·at mobârak.
Geburtstag-dein Glückwunsch
Herzlichen Glückwunsch zum Geburtstag.

Neujahrsgeschenke (eyd·i) werden von Älteren an Jüngere gegeben. Goldmünzen oder ein nagelneuer Geldschein sind am beliebtesten. In den ersten zwölf Tagen besuchen sich Verwandte und Bekannte gegenseitig, und zwar besuchen zuerst die Jüngeren die Älteren. Ein nicht erwiderter Besuch wird als grobe Unhöflichkeit oder gar Beleidigung empfunden. Den 13. Tag (ßiz·dah be dar), an dem böse Geister ihr Unwesen im Haus treiben sollen, verbringt man möglichst außer Haus, und picknickt im Grünen. Die ßabze nimmt man mit und wirft sie in einen Teich oder Bach, damit irgendwo neues Grün entsteht.

Den Goldfisch setzt man ebenfalls in einem Teich aus

Jahreszeiten (faßl·hâ)

Umgangssprachlich: bâhâr, tâbeßtun, pâiz, zemeßtun.

bahâr	Frühling
tâbeßtân	Sommer
pâyiz	Herbst
zemeßtân	Winter

Monatsnamen

Das persische Jahr, das wie unseres zwölf Monate zählt, beginnt zum Frühlingsanfang am 20. / 21. März mit dem ersten farwardin.

farwardin	21.03. – 20.04.
ordibehescht	21.04. – 21.05.
chordâd	22.05. – 21.06.
tir	22.06. – 22.07.
mordâd	23.07. – 22.08.
schahriwar	23.08. – 22.09.
mehr	23.09. – 22.10.
âbân	23.10. – 21.11.
âzar	22.11. – 21.12.
dey	22.12. – 20.01.
bahman	21.01. – 19.02.
eßfand	20.02. – 20.03.

Die ersten sechs Monate haben 31 Tage, die nächsten fünf Monate 30 Tage, und der letzte Monat im Jahr hat 29 Tage (in einem Schaltjahr 30 Tage).

Das Datum wird von rechts nach links geschrieben, z. B.:

tschahâr·om·e yâzdah·e
hezâr o ßißad o nawad o yek.
1391/11/4 = 23. 01. 2013

emruz tschand·om aßt / **tschand·om·e?**
heute wie-vielter ist(er) / (U)
Der Wievielte ist heute?

emruz haft·om·e tir aßt / **tir·e.**
heute siebte-G Tir ist(er) / (U)
Heute ist der siebte Tir.

Kutsche am Naghsch-e Djahân-Platz, Isfahan

Verhaltensregeln

Als Frau sollten Sie Ihre Kleidung an die Sitten des Landes anpassen. Sie brauchen keinen Schleier, den tschâdor *(Zelt)* zu tragen, aber auf jeden Fall ein großes Kopftuch und einen langen Mantel, der bis zu den Knien reichen muss. Haare dürfen normalerweise nicht zu sehen sein, aber es ist wie bei der Schminke. Mal wird es streng, mal nicht so streng geahndet. In der Öffentlichkeit ist das Tragen von kurzen Röcken, oder ärmelloser und eng sitzender Kleidung, unzulässig!

Es gibt in moslemischen Gesellschaften bestimmte Gepflogenheiten, nach denen Sie sich richten müssen – besonders als Frau! Bedenken Sie, dass Sie sich in einem anderen Kulturkreis bewegen, der sich in den Wert- und Verhaltensnormen von Ihrem Heimatland unterscheidet. Versuchen Sie das Wertesystem des Gastlandes als kulturgebunden zu akzeptieren. Das Nichtbeachten kann unerwünschte Reaktionen auslösen!

Wenn Sie als Frau eine Reise in ein islamisches Land planen, würde ich Ihnen empfehlen, diese Reise nur in Begleitung anzutreten! Wenn Sie alleine reisen, ist die Gefahr, von einigen Männern als „Freiwild" betrachtet zu werden, besonders groß. Das Knüpfen von Freundschaften zu Männern sollte daher gemieden werden. Auf irgendwelche Kontaktwünsche oder Annäherungsversuche sollten Sie sich nicht einlassen. Werden Sie auf der Straße angesprochen, reagieren Sie absolut nicht darauf, denn die kleinste Reaktion kann als Provokation ausgelegt werden. Müssen Sie sich nach einer Straße, Behörde usw. erkundigen, fragen Sie immer eine Frau.

Männer

Sollten Sie unterwegs einen männlichen Reisenden (den Sie vielleicht kennen) treffen oder umgekehrt, bloß nicht vor Freude ihm / ihr um den Hals fallen. Küsschen hier, Küsschen dort, Händchenhalten, Umarmungen, Streicheln – all das ist nur unter völligem Ausschluss der Öffentlichkeit erlaubt.

In islamischen Ländern sollten Sie als Mann keine fremde Frau ansprechen oder gar Annäherungsversuche unternehmen.

Was die Kleidung angeht, ist es nicht üblich einen Schlips (kerâwât) umzubinden, da dieser als westlich gilt. Bedecken Sie Ihren Oberkörper und tragen Sie keine kurzärmligen Hemden und auch keine kurzen Hosen.

Wichtige Regeln

Während des Fastenmonats ramazân darf von Sonnenaufgang bis Sonnenuntergang weder gegessen, getrunken noch geraucht werden. Auch kein Sex!

Auf den Koran darf kein anderes Buch oder ein anderer Gegenstand gelegt werden. Während man den Koran liest, darf nicht gegessen, getrunken oder geraucht werden. Wenn jemand im Koran liest oder betet, darf er / sie nicht gestört bzw. angesprochen werden.

Das Essen von Schweinefleisch und nicht ausgeblutetem Fleisch (d. h. das Fleisch, das nicht aus einer rituellen Schlachtung kommt) ist verboten (harâm / harum *(U) Unrecht*).

Das Trinken von alkoholischen Getränken ist ebenfalls verboten!

Inzwischen gibt es alkoholfreies Bier.

Ziehen Sie Ihre Schuhe aus, wenn Sie in eine Moschee gehen. Nur in ganz wenigen Moscheen ist das Tragen der Schuhe erlaubt. Schuhe werden im Allgemeinen auch ausgezogen, wenn man ein Haus betritt.

Die linke Hand ist unrein, da man sich mit dieser z. B. auf der Toilette reinigt. Daher sollte man mit der linken Hand keine Nahrung anfassen oder andere Leute begrüßen.

Hunde gelten als unrein. Also nicht mit ihnen spielen, sie berühren oder füttern.

Anrede

Die offizielle Anredeform ist bei der Frau chânom und beim Mann âghâ. Es wird generell gesiezt. Duzen ist sehr vertraulich; es ist vornehmlich in der Familie und unter guten Freunden üblich.

ra'iß	Direktor / Chef
djenâb	Exzellenz
duschize	Fräulein
chânom	Frau
âghâ	Herr
oßtâd	Professor
hâdjdji	Mekkapilger

Aus Höflichkeit werden meist mehrere Anreden zugleich benutzt, z. B.: djenâb·e âghâ·ye ra'iß ... *Ebenso wird ein Mädchen häufig mit* duschize chânom *angeredet.*

Anrede

Bei der förmlichen Anrede werden âghâ, chânom, djenâb mit -e/-ye-Verbindung versehen, wenn diese Wörter dem Namen vorangestellt werden. Vor- und Nachnamen können auch umgangssprachlich mit -e / -ye verbunden werden, vor allem, wenn der Vorname auf Konsonant endet. Allerdings hat diese Verbindung einen sehr vertraulichen Charakter.

panâh *„Zuflucht"*
âzâd *„frei"*
zibâ *„schön"*
moghaddaß *„heilig, Heiligtum"*

âghâ·ye doktor panâh	Herr Doktor Panah
chânom·e âzâd	Frau Azad
nargeß·e zibâ	Nargeß Ziba
rezâ moghaddaß	Reza Moghaddaß

Die Ehefrauen von Ärzten, Ingenieuren usw. werden aus Höflichkeitsgründen ebenfalls mit den Titeln ihrer Männer geschmückt.

In diesem Fall gibt es keine -e/-ye-*Verbindung.*

Eine etwas lockerere Anredeform erfolgt dadurch, dass man den Vornamen bzw. Nachnamen dem âghâ bzw. der chânom voranstellt.

morwârid *ist ein beliebter Mädchenname.*

morwârid chânom ßalâm.
Perle Frau Friede
Guten Tag, Frau Morwârid.

ali âghâ chodâ hâfez.
Ali Herr Gott Beschützer
Auf Wiedersehen / Gott schütze Sie, Herr Ali.

Die vertrauliche Anrede erfolgt durch den Vornamen, Titel usw. und djân / djun *(U) Seele / Leben*, aziz *lieb* oder mehrabân / mehrabun *(U) lieb, gütig*.

mâdar djân	liebe Mutter	*Mutter Seele*
châhar djân·e aziz	liebe, liebe Schwester	*Schwester Seele-G lieb*
châle·ye aziz	liebe Tante	*Tante-G lieb*
dußt·e mehrabân	liebe(r) Freund(in)	*Freund-G gütig*
farzand·e aziz·am	mein liebes Kind	*Kind-G lieb-mein*

Redewendungen

Die übliche Begrüßung im Iran heißt ßalâm. Sie steht für „Guten Morgen“, „Guten Tag“, „Guten Abend“ und bedeutet *Frieden*.

Mit einem Smartphone können Sie sich die mit einem gekennzeichneten Sätze dieses Kapitels anhören. Scannen Sie einfach den QR-Code mit Hilfe einer kostenlosen App (z. B. „Barcoo“ oder „Scanlife“).

ßalâm, hâl·etân tsche·tour aßt?
Frieden Zustand-euer wie-Art ist(er)
Guten Tag, wie geht es Ihnen?

ßalâm, merßi, hâl·e man chub aßt.
Frieden danke Zustand-G ich gut ist(er)
Guten Tag, danke, es geht mir gut.

hâl·e schomâ tsche·tour aßt, chub haßt·id?
Zustand-G ihr wie-Art ist gut seid(ihr)
Wie geht es Ihnen, geht es Ihnen gut?

merßi, hâl·e man bad nißt.
danke Zustand-G ich schlecht nicht-ist(er)
Danke, mir geht es nicht schlecht.

hâl·e schomâ chub aßt?
Zustand-G ihr gut ist(er)
Geht es Ihnen gut?

So kann es eine Weile weitergehen, ohne dass jemand diese Wiederholungen als störend empfindet. Als nächstes erkundigt man sich nach dem gleichen Schema nach dem Befinden der Verwandten, meist Mutter, Vater und Geschwister, denen man auch beim Verabschieden Grüße bestellt.

chodâ hâfez / chodâ fez.
Gott Beschützer / (U)
Gott schütze Sie / Auf Wiedersehen.

ßalâm·e ma·râ be ... be·raß·ân·id.
Frieden-G ich-4 zu ... hinbringt(ihr)
Grüßen Sie ... von mir.

Ali Qapu, Isfahan

merßi, ßalâm·e ma·râ ham be … be·raß·ân·id.
danke Frieden-G ich-4 auch zu … hinbringt(ihr)
Danke, grüßen Sie auch … von mir.

chodâ negah-dâr.
Gott beschützend
Gott schütze Sie / Auf Wiedersehen.

Guten Morgen / Guten Tag / Gute Nacht

Für„guten Morgen“, „guten Tag“, „guten Abend“ beschränkt man sich auf ßalâm. Sie können aber auch folgendes sagen:

ßobh be cheyr.	Guten Morgen!
ruz be cheyr.	Guten Tag!
schab be cheyr.	Guten Abend! / Gute Nacht!

Danke

Im Allgemeinen genügt es, wenn man sich mit merßi bedankt. Geläufig sind auch folgende Dankfloskeln:

taschakkor mi·kon·am.
Dank mache(ich)
Ich bedanke mich.

cheyli mamnun(·am).
sehr dankbar(ich)
Danke sehr / schön.

taschakkor kardan
= *sich bedanken*

ghalban taschakkor mi·kon·am.
herzlich Dank mache(ich)
Ich bedanke mich herzlich / Herzlichen Dank.

mamnun budan
= *dankbar sein*

motaschakker budan
= *dankbar sein*

motaschakker·am / motschakker·am.
dankbar-bin(ich) / (U)
Ich bedanke mich! / Danke schön.

Bitte

Als Antwort auf „Danke" / „Entschuldigung":

châhesch mi·kon·am.
Bitte mache(ich)
Keine Ursache. / Bitte sehr.

Bei Aufforderung, Bitte oder Wunsch verwendet man generell lotfan *bitte* oder châhesch *Bitte*:

lotfan kam·i boland·tar ßohbat (be·)kon·id!
bitte etwas lauter Gespräch macht(ihr)
Bitte sprechen Sie etwas lauter!

châhesch mi·kon·am ßigâr na·kesch·id.
Bitte mache(ich) Zigarette nicht-zieht(ihr)
Ich bitte Sie, nicht zu rauchen.

Im Sinne von „Wie bitte, was haben Sie gesagt?" muss man allerdings so fragen:

bale, tschi goft·id / farmud·id?
ja was sagtet(ihr) / befahlt(ihr)
Wie bitte, was haben Sie gesagt?

ma'zerat mi·châh·am, na·fahmid·am!
Entschuldigung will(ich) nicht-verstand(ich)
Entschuldigen Sie, ich habe nicht verstanden!

Entschuldigung

Eine Möglichkeit sich zu entschuldigen, kennen Sie bereits. Es geht aber auch mit bachschidan *verschenken / entschuldigen*:

be·bachsch·id, lotfan komak·am (be·)kon·id!
entschuldigt(ihr) bitte Hilfe-mein macht(ihr)
Entschuldigen Sie, bitte helfen Sie mir!

mi·bachsch·id, in ya'ni tschi?
entschuldigt(ihr) dieses nämlich was
Entschuldigen Sie, was bedeutet das?

ozr mi·châh·am man waght na·dâr·am.
Entschuldigung will(ich) ich Zeit nicht-habe(ich)
Entschuldigen Sie, ich habe keine Zeit.

„Höflichkeitsfloskeln"

Die meisten der folgenden Floskeln können auch einen ironischen Unterton haben. Man sollte sie nur verwenden, wenn man sich sicher ist, damit keine Missverständnisse zu verursachen.

Oft wird das Wort ghorbân *Opfer* als Zeichen der Treue, Opferbereitschaft, Dankbarkeit gebraucht. Besonders wird es in Briefen als Abschiedsgruß und beim Beenden eines Telefonats gebraucht. Oft wird es bei Kindern angewandt, um zu sagen, wie niedlich oder drollig sie sind.

ghorbân·at
Opfer-dein
Ich bin dir treu ergeben

Folgendes sagt man, wenn man etwas bestimmtes tun will, sein Vorhaben dann aber ausführt, ohne auf die Antwort zu warten. Man möchte z. B., dass einem beim Vorbeigehen Platz gemacht wird, oder man will etwas vom Ladentisch nehmen und ansehen, ohne andere Kunden zu bedrängen.

bâ edjâze.
mit Erlaubnis
Darf ich?

Will man sich von jemandem verabschieden, kann man sagen:

farmâyesch·i na·dâr·id?
Befehl-ein nicht-habt(ihr)
Kann ich Ihnen noch behilflich sein? /
Haben Sie noch einen Wunsch?

Folgenden Ausdruck benutzt man gerne, auch wenn man sich nicht persönlich kennt, um zum Ausdruck zu bringen, dass das Gegenüber hoffentlich nicht von der Arbeit bzw. vom Alltag ermüdet und erschöpft ist:

chaßte na·bâsch·id!
müde dass-nicht-seiet(ihr)
Ich hoffe, Sie sind nicht ermüdet!

Wenn man sich mit Nachdruck für eine Sache bedanken will, sagt man:

daßt·e schomâ dard na·kon·ad / na·kon·e!
Hand-G ihr Schmerz dass-nicht-mache(sie) / (U)
Möge Ihre Hand nicht schmerzen!

daßt·e schomâ dard na·kon·ad / na·kon·e *bedeutet soviel wie „vielen Dank für Ihre Mühe."*

Der folgende Ausdruck, den Sie besonders oft beim Bezahlen oder Bewundern eines Gegenstandes zu hören bekommen, soll nicht bedeuten, dass Sie den Gegenstand nicht zu bezahlen haben bzw. als Geschenk behalten dürfen.

ghâbel(·i) na·dâr·ad / na·dâr·e.
Wert(-ein) nicht-hat(es) / (U)
Es ist nicht der Rede wert.

© Borna_Mir@Fotolia.com

Âzâdi- (Freiheits-)Turm, Teheran

Es gibt bestimmt Situationen, in denen man richtig schimpfen und fluchen will. Ich möchte Ihnen jedoch dringend davon abraten. Daher bringe ich Ihnen auch keine Schimpfwörter bei.

Sonstiges

wâghe'an?
Wirklich? Tatsächlich!

chob?
Und? Und dann?

cheyle chob!
In Ordnung! / Schon gut!

bâsch·e!
Einverstanden!

albatte!
Sicher! Gewiss doch!

mohem nißt!
Keine Ursache!

in mahâl·e!
Das ist unmöglich!

râßt·i?
Ach ja? Ist das wahr?

tsche·tour?
Wie denn das?

hâlâ?!
Und nun / jetzt?

mowafagh bâsch·id Viel Glück!

Ausrufe

ey wây	Ach, du lieber Himmel!
wây chodâ / **yâ chodâ**	O Gott! / Ach du großer Gott!
bah bah	Toll! / Hmm, wie schön! *(Geruch)*
de	Äh, was du nicht sagst!
hân	Was? / Ja? / Was ist denn?
âhân	Ach so!
âhây	Hallo Sie da!
âfarin	Bravo! Prima!
heyf / **afßuß**	Schade!
adjab	Das gibt's doch nicht! Na so was!
ah	Igitt!

Das Wörtchen hey *wird im Sinne von „andauernd, immer wieder" gebraucht:*

tscherâ hey mi chand i?
= *Warum lachst du andauernd?*

Mini-Knigge

Bis auf eine kleine Minderheit sind die Iraner Moslems und gehören der schiitischen Richtung innerhalb des Islams an. Die Religion Altirans (vor der Islamisierung) war die des Propheten Zartoscht (Zarathustra). Sie lebt in der kleinen Minderheit der Zartoschtis (Zarathustrier) fort.

Frawahar

Das zarathustrische Symbol frawahar *besagt u. a.: Gutes denken! Gutes sagen! Gutes tun!*

Religion

din / mazhab	Religion / Glaube
moghaddaß	heilig / Heiligtum
namâz / do'â	Gebet
maßih·i	Christ / christlich
yahud·i / kalim·i	Jude / jüdisch
zartoscht·i	Zarathustrisch/-ier
maßdjed	Moschee
peyghambar	Prophet
âchund / mollâ	geistlicher Prediger

scheych	Scheich
ßeyyed	Nachkomme des Propheten
djahanam; behescht	Hölle; Paradies
kelißâ; ßalib	Kirche; Kreuz
zang	Glocke / Klingel
kaschisch	Priester
râhebe	Nonne
ghaßam / ßougand	Schwur / Eid
haghighat	Wahrheit
dorugh	Lüge

Im Fastenmonat ramazân wird von Sonnenaufgang bis Sonnenuntergang weder gegessen, getrunken noch geraucht. Bitte nehmen Sie Rücksicht – Halten Sie sich in der Öffentlichkeit strengstens an diese Regeln!

to ruze ne·mi·gir·i?
du Fasten nicht-nimmst(du)
Fastest du nicht?

tscherâ, man ruze mi·gir·am.
warum ich Fasten nehme(ich)
Doch, ich faste.

Verreisen

Wer eine Reise antreten will, verabschiedet sich von den nahen Verwandten und Freunden und begibt sich damit gleichzeitig in die Gefahr, mit tausend Geschenkwünschen, die direkt oder indirekt zum Ausdruck kommen, überhäuft zu werden. Von der Reisenden – nehmen wir an, sie heißt parwâne *Schmetterling* – wird „im Stillen“ erwartet, dass sie von der Reise ein Geschenk (ßoughât·i) mitbringt. Wer kann, begleitet parwâne bis zum Abfahrtsort und schenkt ihr meist Süßigkeiten. Manchmal – dies ist etwas altmodisch – wird nach ihrer Abreise von der Familie âsch(·e) reschte gekocht (eine dickflüssige Suppe aus selbstgemachten Nudeln, mit Petersilie, Dill usw., sowie verschiedenen Hülsenfrüchten), und Verwandte und Freunde werden eingeladen. Bei der Begrüßung gedenken die Eingeladenen der Verreisten mit den Worten:

djâ·ye parwâne châli (na·bâsch·ad).
Ort-G Schmetterling leer dass-nicht-sei(er)
Möge der Platz der Verreisten nicht leer bleiben.

djâ·ye…châli na·bâsch·ad / na·bâsch·e *oder* djâ·(y·)eschân / djâ·schun *(U)* châli *sagt man üblicherweise, wenn jemand bei einem Ereignis, Treffen usw. nicht anwesend ist oder war.*

Selbstverständlich wird parwâne in den meisten Fällen bei ihrer Rückkehr wieder abgeholt und dann von den Verwandten und Freunden zu Hause besucht, die im Geheimen auch neugierig auf die mitgebrachten ßoughât·i sind.

© MDj

Verpflegung für die Reise

?! Mini-Knigge

chub „gut" wird umgangssprachlich oft als chob „na dann" ausgesprochen.

chob, ta'rif (be·)kon, chosch gozascht?
gut Schilderung mache(du) glücklich verbracht
Na, erzähl schon, war es schön?

Meist fängt parwâne dann so an:

merßi, djâ·ye schomâ châli,
cheyli chosch gozascht.
danke Ort-G ihr leer sehr glücklich verbracht
Danke, euer Platz war leer,
es war sehr schön.

Wenn parwâne keine ßoughât·i verteilt, dann wird sie in einem etwas scherzhaften Ton gefragt:

chob, paß ßoughât·i·ye mâ ku?
gut dann Reisegeschenk-G wir wo
Na, wo bleibt denn unser Reisegeschenk?

eßterâhat	Erholung / Ruhe
gardesch	Spaziergang
ta'tilât	Ferien
farhang	Kultur
bargascht	Rückkehr
raßm / âdâb	Sitte / Brauch
ßafar / moßâferat	Reise
morachchaßi	Urlaub
âfrighâ	Afrika
âmrikâ	Amerika
âßiyâ	Asien
oßtorâliyâ	Australien
orupâ	Europa

Zu Gast sein

Als Gast wird man mit Gastfreundschaft regelrecht überschüttet. Man wird ständig aufgefordert, etwas zu essen oder etwas zu erzählen (am liebsten natürlich über die liebe Verwandtschaft). Ist man zu Mittag oder zum Abendessen eingeladen, wird der Tisch großzügig mit verschiedenen würzigen Speisen gedeckt. In vielen Haushalten, besonders auf dem Lande, wird auf dem Fußboden gegessen. Hierzu wird ein Tischtuch (ßofre) ausgebreitet, und man setzt sich um dieses herum. Abgezählte Mengen und Stücke je Person gibt es nicht! Auch wenn man im Grunde satt ist, sollte man nach Möglichkeit nicht ablehnend reagieren. Man darf auf gar keinen Fall versäumen, immer wieder die Kochkünste der Hausfrau zu loben:

Mit einem Smartphone können Sie sich die mit einem gekennzeichneten Sätze dieses Kapitels anhören.

bah bah, ghazâ tsche chosch-mazze aßt!
hmm hmm Essen wie wohl-Geschmack ist(es)
Hmm, das Essen schmeckt hervorragend!

Aber der Reihe nach! So wird man begrüßt:

chosch âmad·id, be·farmây·id tu.
fröhlich kamt(ihr) befehlt(ihr) hinein
Herzlich willkommen, treten Sie ein!

eßm·etân tschi aßt?
Name-euer was ist(er)
Wie heißen Sie? Wie ist Ihr Name?

Wer unangemeldet zum Mittagessen oder zum Abendbrot Leute besucht, wird garantiert aufgefordert zu bleiben und mitzuessen. Das verlangt die Gastfreundschaft.

Umgangssprachlich auch: eßm·am Peter·e.

eßm·e man peter aßt.
Name-G ich Peter ist(er)
Ich heiße Peter.

man peter·am
ich Peter-bin(ich)
Ich bin Peter

شما فارسی میفهمید؟
schomâ fârß·i mi·fahm·id?
ihr Persisch versteht(ihr)
Verstehen Sie Persisch?

شما زبان فارسی بلد هستید؟
schomâ zabân·e fârß·i balad haßt·id?
ihr Sprache-G Persisch wissen seid(ihr)
Können Sie die persische Sprache sprechen?

بله، من کمی فارسی میفهمم
bale, man kam·i fârß·i mi·fahm·am.
ja ich etwas Persisch verstehe(ich)
Ja, ich kann etwas Persisch.

من فارسی خوب بلد نیستم
man fârß·i chub balad nißt·am.
ich Persisch gut wissen nicht-bin(ich)
Ich kann nicht gut Persisch.

lotfan in râ be fârß·i be·newiß·id.
bitte dieses 4 in Persisch schreibt(ihr)
Schreiben Sie dies bitte auf Persisch auf.

man âlmân·i haßt·am / âlmân·i·y·am.
ich Deutscher bin(ich)
Ich bin Deutsche(r).

in râ be fârß·i tschi mi·guy·and / mi·g·an?
dieses 4 in Persisch was sagen(sie) / (U)
Wie sagt man das auf Persisch?

schomâ tschand ßâl·etân aßt / ßâl·etun·e?
ihr wie-viel Jahr-euer ist(es) / (U)
Wie alt sind Sie?

man bißt o haft ßâl·am aßt / ßâl·am·e.
ich zwanzig und sieben Jahr-mein ist(es) / (U)
Ich bin 27 Jahre alt.

ßâl·am *nicht verwechseln mit* ßalâm!

schomâ ezdewâdj kard·e·id?
ihr Heirat gemacht-habt(ihr)
Sind Sie verheiratet?

modjarrad *„ledig"*
mota'ahhel *„verheiratet"*

schomâ batschtsche dâr·id?
ihr Kind habt(ihr)
Haben Sie Kinder?

bale, man ße tâ batschtsche dâr·am.
ja ich drei Stück Kind habe(ich)
Ja, ich habe drei Kinder.

Hier auf jeden Fall tâ *gebrauchen, und nicht* nafar *„Person"!*

mâ nâmzad haßt·im.
wir Verlobte(r) sind(wir)
Wir sind verlobt.

man talâgh gereft·e·am
ich Scheidung genommen(bin)
Ich bin geschieden.

mâ bâ·ham zendegi mi·kon·im.
wir zusammen Leben machen(wir)
Wir leben zusammen.

man tanhâ ßafar mi·kon·am.
ich allein Reise mache(ich)
Ich reise allein.

schomâ ahl·e kodjâ haßt·id?
ihr Bürger-G wo seid(ihr)
Wo kommen Sie her?

mi·bachsch·id ke dir kard·am.
entschuldigt(ihr) dass spät machte(ich)
Entschuldigen Sie, dass ich mich verspätet habe.

schoghl·e schomâ tschi aßt?
Beruf-G ihr was ist(er)
Was ist Ihr Beruf?

man ... haßt·am.
ich ... bin(ich)
Ich bin ... .

Mit forusch *„Verkauf" und dem entsprechenden Gegenstand davor kann man viele Berufsbezeichnungen (Handwerk) bilden.*

gol forusch	Blumenhändler
tallâ / noghre forusch	Gold- / Silberjuwelier
ghâli / farsch forusch	Teppichhändler
partsche forusch	Stoffhändler
ßâ'at·ßâz	Uhrmacher
ghannâd	Konditor
nânwâ	Bäcker
ghaßßâb	Schlachter
nadjdjâr	Tischler
chayyât	Schneider
bâghbân	Gärtner
kaffâsch	Schuster
tâdjdjer / bâzargân	Kaufmann
akkâß	Fotograf
dallâl	Makler
ketâb forusch	Buchhändler
monschi	Sekretär
mo'allem / âmuzegâr	Lehrer
newißande	Schriftsteller
mohandeß – wakil	Ingenieur – Anwalt

man kârgar / kârmand·e edâre haßt·am.
ich Arbeiter / Angestellter-G Büro bin(ich)
Ich bin Arbeiter / Büroangestellter.

man bi·kâr haßt·am / kâr·am.
ich ohne-Arbeit bin(ich)
Ich bin arbeitslos.

man kâr·e âzâd mi·kon·am.
ich Arbeit-G frei mache(ich)
Ich bin freiberuflich tätig.

az da'wat·e schomâ cheyli taschakkor mi·kon·am.
von Einladung-G ihr sehr Dank mache(ich)
Ich bedanke mich sehr für Ihre Einladung.

Sehr gerne wird noch zusätzlich gesagt: daßt·e schomâ dard na·kon·ad. *„Möge Ihre Hand nicht schmerzen!"*

die liebe Verwandtschaft

Traditionell spielt die Großfamilie und die Pflege von verwandtschaftlichen Beziehungen in der iranischen Gesellschaft eine große Rolle. Nicht selten werden aus Gründen des Familienzusammenhalts Ehen innerhalb der Verwandtschaft geschlossen. Junge Männer und Frauen bleiben so lange im Hause der Eltern, bis sie heiraten. Bei den heranwachsenden Töchtern wird strengstens auf ihre Keuschheit geachtet.

Während der Sohn mit der Volljährigkeit die Zustimmung des Vaters für eine Eheschließung nicht benötigt, ist dessen Einwilligung bei der Tochter, unabhängig vom Alter, immer notwendig.

Wenn ein Paar heiratet, dann gratuliert man nicht nur den beiden, sondern auch ihren Verwandten. Jeder möchte auf der Hochzeitsfeier dabei sein. Erstens gibt es reichlich zu essen, zweitens können sich junge Leute untereinander kennen lernen und drittens, was noch wichtiger ist, können neue Paare von den Verwandten „ins Auge gefasst" werden.

Wenn unter Freunden bekannt oder gemunkelt wird, dass der oder die heiraten will, dann wird er bzw. sie geneckt:

schirin *„süß" ist ein beliebter Mädchenname*

schirin·i key mi·dah·i / mi·d·i?
Süßigkeit wann gibst(du) / (U)
Na, wann gibt's den Hochzeitskuchen?

Familie (chânewâde)

	nawe	Enkel/-in
mütterlicherseits	**châle**	Tante
mütterlicherseits	**dâyi**	Onkel
väterlicherseits	**âmu**	Onkel
väterlicherseits	**amme**	Tante
	batschtsche	Kind / Nachwuchs
väterlicherseits	**peßar-amme**	Cousin
väterlicherseits	**dochtar-amme**	Cousine
mütterlicherseits	**peßar-châle**	Cousin
mütterlicherseits	**dochtar-châle**	Cousine
	mâdar-bozorg	Großmutter
	pedar-bozorg	Großvater
Sohn des Bruders	**peßar-barâdar**	Neffe
Sohn der Schwester	**peßar-châhar**	Neffe
Tochter der Schwester	**dochtar-châhar**	Nichte
Tochter des Bruders	**dochtar-barâdar**	Nichte
Sprössling des Bruders	**barâdar-zâde**	Neffe / Nichte
Sprössling der Schwester	**châhar-zâde**	Neffe / Nichte
Mutter des Ehemanns	**mâdar-schouhar**	Schwiegermutter
Vater des Ehemanns	**pedar-schouhar**	Schwiegervater
Mutter der Ehefrau	**mâdar-zan**	Schwiegermutter
Vater der Ehefrau	**pedar-zan**	Schwiegervater

Nachbarn (ham-ßâye)

Abends nach Feierabend treffen sich die Nachbarn, jung und alt, gern draußen vor der Haustür, im Vorgarten usw. zu einem kleinen Plausch. Dabei isst man gern Pistazien oder knabbert an gerösteten Honig- oder Wassermelonenkernen.

Essen & Trinken

Mit Leib und Seele wird im Iran ungeachtet der Figur Reis gegessen. Reis (wie auch Brot) gehört zu jedem Fleisch- oder Gemüsegericht.

Gerichte

چلو tschelou aus Reis wird mit کباب kabâb, gegrilltem Lammfleisch, serviert. kabâb kubide ist aus Hackfleisch. djudje *(Küken)* kabâb ist aus Hähnchen, und natürlich nicht aus Küken.

Zu پلو polou, auch aus Reis, wird خورشت / خورش choresch(t) gegessen, eine dickflüssige Grundsoße aus Fleisch, Geflügel, Gemüse, Früchten (oder einer Kombination davon) mit Gewürzen und Kräutern.

Sollte polou tatsächlich nicht am gleichen Tag aufgegessen werden, kann man daraus کته kateh zubereiten. Dazu wird alles solange gedünstet, bis der Boden schön knusprig ist.

آبگوشت âb-guscht wird aus Kichererbsen, weißen Bohnen, kleinen gewürfelten Lammfleischstücken und Kartoffeln zubereitet. Für کوکو kuku werden z. B. Petersilie, Dill, Koriander und Porree zerkleinert, mit Ei vermischt und in der Pfanne gebräunt.

Es schmeckt auch kalt sehr gut.

ghazâ / chorâk beßiyâr chosch-mazze aßt!
Essen / Essen sehr wohl-Geschmack ist(es)
Das Essen schmeckt sehr gut

مانده	**mânde / munde** *(U)*	alt *(nicht frisch)*
تلخ	**talch**	bitter
کره	**kare**	Butter
چاق – لاغر	**tschâgh – lâghar**	dick – dünn
تخم مرغ	**tochm(·e morgh)**	(Hühner-)Ei(er)
روغن	**roughan**	Fett / Öl
تازه	**tâze**	frisch
صبحانه / ناشتائی	**ßobhâne / nâschtâ·y·i**	Frühstück
چنگال	**tschangâl**	Gabel
بو – وزن	**bu – wazn**	Geruch – Gewicht
لیوان / گیلاس	**liwân / gilâß**	Glas
داغ – عسل	**dâgh – aßal**	heiß – Honig
ماست	**mâßt**	Joghurt
سرد – پنیر	**ßard – panir**	kalt – Käse
دیگ	**dig**	Kochtopf
یخچال	**yach-tschâl**	Kühlschrank
قاشق	**ghaschogh**	Löffel
مربا	**morabbâ**	Marmelade
کارد / چاقو	**kârd / tschâghu**	Messer
ناهار	**nâhâr**	Mittagessen
ماهی تابه	**mâhi tâbe**	Pfanne
فلفل – نمک	**felfel – namak**	Pfeffer – Salz

mâßtine	Quark	ماستینه
ßir	satt	سیر
torsch	sauer	ترش
tiz	scharf	تیز
chardal – ßouß	Senf – Soße	خردل – سوس
baßtani	Speiseeis	بستنی
schirin	süß	شیرین
fendjân / eßtekân	Tasse	فنجان / استکان
ghuri	Teekanne	قوری
boschghâb – na'lbaki	Teller – Untertasse	بشقاب – نعلبکی
ketri	Wasserkessel	کتری
schekar / ghand	Zucker	شکر – قند

Würfelzucker heißt immer ghand.

Fisch / Fleisch / Geflügel

mâhi	Fisch	ماهی
schâmi	Frikadelle	شامی
djudje	Hähnchen *(Küken)*	جوجه
morgh	Huhn	مرغ
mâhitsche	Keule *(Muskel)*	ماهیچه
meygu	Krabben	میگو
djegar / djigar *(U)*	Leber	جگر / جیگر
gholwe	Niere	قلوه
kalbâß / kalwâß *(U)*	Wurst	کالباس / کالواس
guscht·e tscharch kard·e	Hackfleisch	گوشت چرخ کرده
guscht·e barre	Hammelfleisch	گوشت بره
guscht·e gußâle	Kalbfleisch	گوشت گوساله
guscht·e gußfand	Lammfleisch	گوشت گوسفند
guscht·e gâw	Rindfleisch	گوشت گاو

key nâhâr / schâm mi·chor·im?
wann Mittagessen / Abendessen essen(wir)
Wann essen wir zu Mittag / Abend?

nim-ru *Spiegelei*
omlet *Omelett*

Umgangssprachlich man großnam·e *oder* man goschnam·e

من گرسنه‌ام
man goroßne·am.
ich hungrig-bin(ich)
Ich bin hungrig.

من سیرم
man ßir·am.
ich satt-bin(ich)
Ich bin satt.

من فقط نوشابه میخواهم
man faghat nuschâbe mi·châh·am.
ich nur Getränk will(ich)
Ich möchte nur etwas trinken.

man eschtehâ na·dâr·am.
ich Appetit nicht-habe(ich)
Ich habe keinen Appetit.

mi·tawân·am in râ be·tschesch·am?
kann(ich) dieses 4 dass-probiere(ich)
Kann ich das probieren?

Der Koch wird übrigens âsch-paz *genannt.* paz- = *Gegenwartsstamm von* pochtan *„kochen".*

in ghazâ ßard / schur / tscharb / châm aßt.
dieses Essen kalt / salzig / fett / ungekocht ist(es)
Dieses Essen ist kalt / salzig / fett / nicht gar.

guscht chub pocht·e / ßorch / bereścht·e nißt.
Fleisch gut gekocht / gebraten / knusprig nicht-ist(es)
Dieses Fleisch ist nicht gut gekocht / gebraten / knusprig.

nusch- = *Präsensstamm von* nuschidan *„trinken"*

من گوشت نمیخورم
man guscht ne·mi·chor·am.
ich Fleisch nicht-esse(ich)
Ich esse kein Fleisch.

nusch·e djân
trinken-G Leben
Guten Appetit!

yek / ye kârd / ghâschogh / tschangal kam aßt.
eins / (U) Messer / Löffel / Gabel wenig ist(es)
Hier fehlt ein Messer / ein Löffel / eine Gabel.

(âyâ) momken aßt kami digar / dige ... barây·am bi·y·âwar·id / bi·y·âr·id?
(ob) möglich ist(es) bisschen anderes / (U) für-mich dass-bringet(ihr) / (U)
Könnten Sie mir etwas mehr ... bringen?

merßi, kâfi aßt.
danke genug ist(es)
Danke, das ist genug.

lotfan ruy·e miz·râ tamiz be·kon·id.
bitte Gesicht-G Tisch-4 sauber macht(ihr)
Bitte machen Sie den Tisch sauber.

yek porß·e kutschik barâye batschtsche·am.
eins Portion-G klein für Kind-mein
Eine kleine Portion für mein Kind.

edjâze dâr·am in·râ / in·o be·tschesch·am?
Erlaubnis habe(ich) dieses / (U) dass-probiere(ich)
Darf ich das probieren?

man in ghazâ·râ ßefâresch na·dâd·am.
ich dieses Essen-4 Bestellung nicht-gab(ich)
Ich habe dieses Essen nicht bestellt.

lotfan ßurat-heßâb, bâ ham / djodâ-gâne.
bitte Gesicht-Rechnung mit alle / getrennt
Bitte die Rechnung, zusammen / getrennt.

schomâ ziyâd heßâb kard·e·id.
ihr viel Rechnung gemacht(ihr)
Sie haben zuviel berechnet.

© MDj

âsch(·e) dugh (Kräutereintopf mit Joghurt)

Eine ähnliche dicke Suppe ist âsch(·e) reschte, *zubereitet aus verschiedenen Kräutern, Porree, Hülsenfrüchten und Nudeln. Bei* âsch(·e) djou *gibt es statt der Nudeln Perlgraupen (Gerste).*

in ham daßt·mozd·e / en'âm·e schomâ. bâghi·y·asch barâye schomâ.
dieses auch Hand-Lohn-G / Trinkgeld-G ihr Rest-sein für ihr
Das ist Ihr Trinkgeld. Der Rest ist für Sie.

mi·châh·am barâye emschab djâ / miz rezerw be·kon·am.
will(ich) für heute-Abend Platz / Tisch Reservierung mache(ich)
Ich möchte für heute Abend einen Platz / Tisch reservieren.

tscherâ in-ghadr / in-ghadar / in-ghad tul mi·kesch·ad / mi·kesch·e.
warum so-lange / (U) / (U) Dauer zieht(es) / (U)
Warum dauert es so lange?

Wer nur ein oder zwei Brote möchte, bekommt sie meist sofort, ohne lange in der Schlange warten zu müssen, denn oft werden bis zu 20 Brote auf einmal gekauft. Beim Brotkauf ein großes Tuch oder Zeitung mitnehmen, da das Brot sehr heiß ist!

Die persischen Brote بربری barbari, لواش lawâsch und سنگک ßangak gehören zu jeder Hauptmahlzeit. Die Brote sind ca. 70 cm lang und ca. 30 cm breit. Sie sind so dünn, dass man sie zusammenfalten kann. Man backt sie im تنور tanur, einem großen bienenkorbförmigen Lehmofen.

tschand tâ nân / nun mi·châh·id?
wie-viel Stück Brot / (U) wollt(ihr)
Wie viel Brot möchten Sie?

man ße tâ nân mi·châh·am.
ich drei Stück Brot will(ich)
Ich möchte drei Stück Brot.

in nân cheyli ßucht·e aßt.
dieses Brot sehr verbrannt ist(es)
Dieses Brot ist sehr angebrannt.

Getränke

Zu den Mahlzeiten wird gern دوغ dugh, ein sehr erfrischendes Getränk aus Joghurt, geriebener Gurke, Minze und Salz getrunken. An den Getränkekiosken werden auch Säfte verkauft, u. a. Granatapfel-, Honig- und Wassermelonensaft. Letzterer sollte nur bestellt werden, wenn man sehen kann, dass er auch frisch gepresst wird, denn er schmeckt schnell gammelig.

âb(·e) miwe / **djou** / **ma'dan·i dâr·id?**
Wasser(-G) Obst / Gerste / Bergwerk-aus habt(ihr)
Haben Sie Fruchtsaft / Bier / Mineralwasser?

gâz = *Gas,*
bâ gâz *oder* gâz-dâr
= mit Kohlensäure
bzw. bedune gâz
= ohne Kohlensäure

(من) شیر برای بچه‌ام میخواهم
(man) schir barâye batschtsche·am mi·châh·am.
ich Milch für Kind-mein will(ich)
Ich möchte Milch für mein Kind.

من تشنه‌ام
man teschne·am.
ich durstig-bin(ich)
Ich bin durstig.

به سلامتی
be ßalâmat·i!
zu Gesundheit
Zum Wohl! Prost!

âb(·e) yach dâr·id?
Wasser(-G) Eis habt(ihr)
Haben Sie eiskaltes Wasser?

tschâyi mi·nusch·id / **mi·chor·id?**
Tee trinkt(ihr) / esst(ihr)
Trinken Sie Tee?

tschâyi·ye por rang yâ kam rang mi·chor·id?
Tee-G voll Farbe oder wenig Farbe esst(ihr)
Trinken Sie den Tee stark oder schwach?

© MDj

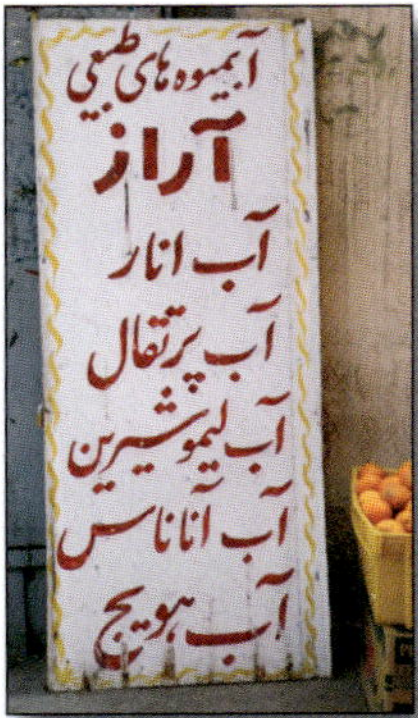

Hier gibt es Bio-Obstsäfte

Es ist üblich, auch bei Getränken chordan *„essen" statt* nuschidan *„trinken" zu sagen.*

Obst & Gemüse

سیب زمینی درشت و خوب دارید
ßib zamin·i·ye doroscht o chub dâr·id?
Apfel Erde-G groß und gut habt(ihr)
Haben Sie große und schöne Kartoffeln?

نیم کیلو سیب بدهید
nim kilo ßib be·dah·id!
halb Kilo Apfel gebt(ihr)
Geben Sie ein halbes Kilo Äpfel!

Tomaten heißen auf Persich eigentlich goudje farang·i *„europäische Mirabellen". Wenn der Kontext eindeutig ist, sagt man nur* goudje *„Mirabellen".*

goudje(·ye) tâze dâr·id?
Mirabelle(-G) frisch habt(ihr)
Haben Sie frische Tomaten?

(man) tut farang·i dußt na·dâr·am.
(ich) Beere europäisch lieb nicht-habe(ich)
Ich mag keine Erdbeeren.

زرد آلو – موز	**zardâlu – mouz**	Aprikose – Banane
گلابی – خرما	**golâbi – chormâ**	Birne – Dattel
شوید – انجیر	**schewid – andjir**	Dill – Feige
سبزی	**ßabzi**	Gemüse / Kräuter
خیار – خربزه	**chiyâr – charbuze**	Gurke – Honigmelone
نخد – گیلاس	**nochod – gilâß**	(Kicher-)Erbse – Kirsche
سیر – کاهو	**ßir – kâhu**	Knoblauch – Kopfsalat
زیتون – جعفری	**zeytun – dja'fari**	Olive – Petersilie
هلو – آلو	**holu – âlu**	Pfirsich – Pflaume
قارچ – به	**ghârtsch – beh**	Pilz – Quitte
تربچه – برنج	**torobtsche – berendj**	Radieschen – Reis
انگور – هندوانه	**angur – hendewâne**	Traube – Wassermelone
لیمو – پیاز	**limu – piyâz**	Zitrone – Zwiebel

raßide – nâraß	reif – unreif	رسیده – نارس
pußide	verfault	پوسیده
narm – ßeft – schol	weich – hart – locker	نرم – سفت – شل

man ... mi·châh·am. Ich möchte ...

nim kilo piyâz
halb Kilo Zwiebel
1/2 Kilo Zwiebeln.

ßad geram ghârtsch
100 Gramm Pilz
100 Gramm Pilze.

ße tâ limu torsch / schirin
drei Stück Zitrone sauer / süß
drei saure / süße Zitronen.

rob' kilo panir
Viertel Kilo Käse
ein halbes Pfund Käse.

Bazar in Teheran

Es gibt süße und saure Zitronen. Die sauren kennt man ja. Die süßen sehen ebenfalls gelb aus und sind rund wie Apfelsinen, haben aber eine viel dünnere und glattere Schale. Wenn man sie schneidet, muss man die Frucht sofort essen bzw. den Saft sofort trinken, sonst werden sie bitter.

Übernachten

Viele (Luxus-)Hotels bieten neben komfortablen Übernachtungen reichhaltige traditionelle warme und kalte Buffets auch für Nicht-Hotel-Gäste an.

Mit einem Smartphone können Sie sich die mit einem gekennzeichneten Sätze dieses Kapitels anhören.

هتل یا مهمانخانه‌ای خوبی میشناسید؟
hotel yâ mehmân-châne·i chub·i mi·schenâß·id?
Hotel oder Gast-Haus-G gut-ein kennt(ihr)
Kennen Sie ein gutes Hotel oder Gasthof?

اتاق خالی دارید؟
otâgh·e châli dâr·id?
Zimmer-G leer habt(ihr)
Haben Sie ein freies Zimmer?

یک اتاق دو نفره دارید؟
yek otâgh·e do nafar·e dâr·id?
eins Zimmer-G zwei Person habt(ihr)
Haben Sie ein Doppelzimmer?

âyâ mi·tawân·am / mi·tun·am otâgh râ be·bin·am?
vielleicht kann(ich) / (U) Zimmer-4 dass-sehe(ich)
Könnte ich vielleicht das Zimmer ansehen?

اتاق بهتری / بزرگتری دارید؟
otâgh·e beh·tar·i / bozorg·tar·i dâr·id?
Zimmer-G besser-ein / größer-ein habt(ihr)
Haben Sie ein besseres / größeres Zimmer?

شاید دو یا سه روز بمانم
schâyad do yâ ße ruz be·mân·am.
vielleicht zwei oder drei Tag dass-bleibe(ich)
Vielleicht bleibe ich zwei oder drei Tage.

اتاق من آب گرم ندارد
otâgh·e man âb·e garm na·dâr·ad.
Zimmer-G ich Wasser-G warm nicht-hat(es)
Mein Zimmer hat kein warmes Wasser.

bargh raft·e / ghat' aßt.
Strom gegangen / Abschneiden ist
Es gibt keinen Strom.

schir·e âb tschekke mi·kon·ad / mi·kon·e.
Löwe-G Wasser Tropfen macht(er) / (U)
Der Wasserhahn tropft.

kuler kâr ne·mi·kon·ad.
Klimaanlage Arbeit nicht-macht(sie)
Die Klimaanlage geht nicht.

lotfan in malâfe·hâ râ awaz be·kon·id.
bitte diese Laken-Mz- 4 Tausch macht(ihr)
Bitte wechseln Sie diese Bettlaken.

لطفاً ساعت هفت مرا بیدار بکنید
lotfan ßâ'at·e haft ma·râ bidâr be·kon·id!
bitte Uhr-G sieben mich-4 wach macht(ihr)
Bitte wecken Sie mich um sieben Uhr.

lotfan yek tâkßi barây·am chabar be·kon·id.
bitte ein Taxi für-ich Nachricht macht(ihr)
Bitte bestellen Sie ein Taxi für mich.

man dischab cheyli bad châbid·am.
ich gestern-Abend sehr schlecht schlief(ich)
Ich habe letzte Nacht sehr schlecht geschlafen.

kodjâ mi·tawân·am tschâdor be·zan·am?
wo kann(ich) Zelt dass-schlage(ich)
Wo kann ich zelten?

Um Wasser (âb) *und Strom* (bargh) *zu sparen, wird sehr oft bezirksweise für ein paar Stunden das Wasser bzw. der Strom abgeschaltet. Es schadet daher nicht, wenn Sie eine Flasche Wasser* (botri·ye âb) *bzw. eine Taschenlampe* (tscherâgh-ghowwe) *dabei haben.*

Toiletten

WC

Toiletten im Iran sind Stehklos. Anstelle von Toilettenpapier wird die Reinigung mit Wasser aus einem Wasserbehälter (ähnlich einer Gießkanne) oder auch aus einem Wasserschlauch mit der linken Hand vorgenommen. Hierin liegt auch der Grund, warum diese Hand als unrein angesehen wird. In vielen Hotels, Restaurants oder Wohnhäusern gibt es neben den Stehklos auch die europäischen Toiletten.

oder auch:
مردانه **mard·âne**
Männer / männlich
زنانه **zan·âne**
Frauen / weiblich

آقایان	**âghâ·y·ân**	Herren
خانم ها	**chânom·hâ**	Frauen
بانوان	**bânawân**	Damen

میبخشید توالت کجا است؟
mi·bachsch·id tuâlet kodjâ aßt?
entschuldigt(ihr) Toilette wo ist(sie)
Entschuldigen Sie, wo ist die Toilette?

کهنه – نو	**kohne – nou**	alt – neu
حمام	**hammâm**	Bad *(öffentl. od. privat)*
جارو(ب) – تخت خواب	**djâru(b) – tacht·e châb**	Besen – Bett
ملافه	**malâfe**	Betttuch
سطل – سطل آشغال	**ßatl – ßatl·e âschghâl**	Eimer – Mülleimer
طبقه – آسانسور	**tabaghe – âßânßor**	Etage – Fahrstuhl
پنجره – آتش	**pandjare – âtasch**	Fenster – Feuer
لامپ / چراغ	**lâmp / tscherâgh**	Glühbirne / Lampe
چراغ قوه	**tscherâgh ghowwe**	Taschenlampe
حوله – شانه	**houle – schâne**	Handtuch – Kamm
تمیز – کثیف	**tamiz – kaßif**	sauber – schmutzig

ßâbun – ghofl	Seife – Schloss	صابون – قفل
komod – lif	Schrank – Schwamm	کمد – لیف
â'ine – gard	Spiegel – Staub	آئینه – گرد
ßandali – miz	Stuhl – Tisch	صندلی – میز
kâghaz·e tuâlet	Toilettenpapier	کاغذ توالت
pelle – en'âm	Treppe – Trinkgeld	پله – انعام
panke – manzel	Ventilator – Wohnung	پنکه – منزل
meßwâk	Zahnbürste	مسواک

Unterwegs

Da die meisten von Ihnen mit dem Flugzeug im Iran gelandet sein werden, benutzen Sie in den Städten vor allem Taxis.

mit dem Taxi

Wenn Sie mit einem تاکسی tâkßi *Taxi* fahren wollen, brauchen Sie sich lediglich an den Straßenrand zu stellen. Ein vorbeikommender Taxifahrer wird Sie sofort als Fahrgast identifizieren und Kurs auf Sie nehmen. Das Taxi bremst kurz vor Ihren Füßen und Sie brauchen dem Fahrer nur den Straßennamen oder den Gebäudenamen zuzurufen. Wenn Ihr Ziel in seiner Richtung liegt, nimmt er Sie auch mit, wenn er bereits andere Fahrgäste hat. Man muss bei einem weit entfernten Ziel lange warten, bis ein freies Taxi in Ihre gewünschte Richtung fährt. So ist es manchmal sinnvoll, mehrmals in andere Taxis umzusteigen. Man gibt z. B. erst die nächstgrößere Straße oder Kreuzung an und geht von dort aus dann entweder zu Fuß oder wechselt nach diesem Schema die Taxen, bis das Ziel erreicht ist. Man kann aber auch gegen Aufpreis als Einzelfahrgast direkt zum gewünschten Ziel fahren. Dazu sollten Sie, wenn Sie ein leeres Taxi sehen, dem Fahrer darbaßt *(voll, geschlossen)* oder noch einfacher tak *(einzeln)* zurufen. Den fälligen Aufschlag sollten Sie vorher erfragen. – In Teheran können Sie auch die U-Bahn (مترو metro) benutzen.

„Berlin-Gasse"

Hier heißt es mi·raw·id *„geht", und nicht etwa* mi·rân·id *„fahrt".*

شما به خیابان ... میروید؟
schomâ be chiyâbân·e ... mi·raw·id?
ihr zu Straße-G ... geht(ihr)
Fahren Sie zur / in die ...-Straße?

Hier verwendet man bordan *„(weg)tragen", und nicht etwa* rândan *„fahren".*

لطفاً من را به این آدرس ببرید!
lotfan ma·râ be in âdreß be·bar·id!
bitte ich-4 zu diese Adresse bringt(ihr)
Bitte fahren Sie mich zu dieser Adresse!

لطفاً به فرودگاه
lotfan be forudgâh.
bitte zu Flughafen
Zum Flughafen, bitte.

لطفاً تند نرانید / نروید
lotfan tond na·rân·id / **na·raw·id!**
bitte schnell nicht-fahrt(ihr) / nicht-geht(ihr)
Fahren Sie bitte nicht schnell!

مستقیم
moßtaghim
geradeaus
geradeaus

به دست / طرف چپ / راست
be daßt·e / **taraf·e tschap** / **râßt**
zu Hand-G / Richtung-G links / rechts
nach rechts / links

لطفاً سر کوچه نگه / نگر دارید
lotfan ßar·e kutsche negah / negar dâr·id
bitte Kopf-G Gasse Blick / (U) habt(ihr)
Bitte halten Sie an der Straßenecke.

negâh / negah *„Blick, Beobachtung“;* negah dâschtan *„stoppen, halten“*

چند میشود / میشه؟
tschand mi·schaw·ad / mi·sch·e?
wie-viel wird(es) / (U)
Was macht das?

Zum Passiv nur soviel: Man bildet es mit dem Hauptverb als Partizip der Vergangenheit und dem gebeugten Hilfsverb schodan *„werden“ (Gegenwartsstamm* schaw-*). Bei zusammengesetzten Verben wird* kardan *durch* schodan *ersetzt.*

zu Fuß

man piyâde mi·raw·am / mi·r·am.
ich zu-Fuß gehe(ich) / (U)
Ich gehe zu Fuß.

in chiyâbân be ... mi·raw·ad / mi·chor·e?
diese Straße nach ... geht(sie) / isst(sie) / (U)
Führt diese Straße nach ...?

اسم این خیابان چی است؟
eßm·e in chiyâbân tschi aßt?
Name-G diese Straße wie ist(er)
Wie heißt diese Straße?

piyâde cheyli dur aßt?
zu-Fuß sehr weit ist(es)
Ist es zu Fuß sehr weit?

be man ru·ye naghsche neschân be·dah·id!
zu ich auf-G Karte Zeichen gebt(ihr)
Zeigen Sie es mir auf der Karte!

من راه راگم کرده‌ام
man râh râ gom kard·e·am.
ich Weg 4 Verlust gemacht-habe(ich)
Ich habe mich verlaufen.

gom kardan *= verlieren*
gom schodan *= verloren gehen*

chosch „glücklich, fröhlich, herzlich“

ßafar chosch / be cheyr! Gute Reise!
chosch begzar·ad! Viel Spaß!
chosch âmad·id! Willkommen!

mit Bus & Bahn

Fahrkarten für den Bus müssen Sie vorher am Kiosk kaufen, Fahrkarten für den Zug am Hauptbahnhof.

Wenn Sie Städte besuchen wollen, empfehle ich mit dem Reisebus zu fahren. Erstens ist es billiger als mit der Bahn, und zweitens sieht man viel mehr von der abwechslungsreichen Landschaft und den vielen kleineren Ortschaften.

ایستگاه اتوبوس / راه آهن کجا است؟
ißtgâh·e otobuß / râh-âhan kodjâ aßt?
Haltestelle-G Bus / Weg-Eisen wo ist(sie)
Wo ist die Bushaltestelle / der Hauptbahnhof?

قطار تأخیر دارد / داره؟
ghatâr ta'chir dâr·ad / dâr·e?
Zug Verspätung hat(er) / (U)
Hat der Zug Verspätung?

آیا باید قطار عوض بکنم؟
âyâ bâyad ghatâr awaz be·kon·am?
ob muss(es) Zug Wechsel dass-mache(ich)
Muss ich umsteigen?

ghatâr·e ... be ... key harakat mi·kon·ad?
Zug-G ... zu ... wann Bewegung macht(er)
Wann fährt der Zug ... nach ... ab?

az kodâm / kodum ßakku?
von welcher / (U) Bahnsteig
Von welchem Bahnsteig?

کی به ... میرسیم؟
key be ... mi·raß·im?
wann in ... ankommen(wir)
Wann kommen wir in ... an?

in belit tâ key e'tebâr dâr·ad / dâr·e?
diese Fahrkarte bis wann Gültigkeit hat(sie)
Wie lange ist diese Fahrkarte gültig?

با اتوبوس چند ساعت طول خواهد کشید؟
bâ otobuß tschand ßâ'at tul châh·ad kesch·id?
mit Bus wie-viel Zeit Dauer will(es) zieht(ihr)
Wie lange wird es mit dem Bus dauern?

یک بلیط درجه دو / دو سره
yek belit·e daradje do / do·ßare.
eins Fahrkarte-G Klasse zwei / zwei Weg
Eine Fahrkarte zweiter Klasse / hin und zurück.

Man kann auch sagen:
raft o bargascht
„hin und zurück".

اطلاعات / گیشه کجا است؟
ettelâ'ât / gische kodjâ aßt?
Information / Schalter wo ist(sie/er)
Wo ist die Information / der Schalter?

in djâ châli / eschghâl aßt?
dieser Platz leer / besetzt ist(er)
Ist dieser Platz frei / besetzt?

man mi·châh·am kenâr·e pandjere be·neschin·am / be·schin·am.
ich will(ich) Rand-G Fenster dass-sitze(ich) / (U)
Ich möchte am Fenster sitzen.

edjâze dâr·am pandjere râ be·band·am?
Erlaubnis habe(ich) Fenster 4 dass-schließe(ich)
Darf ich das Fenster schließen?

tschand tâ ißtgâh digar mând·e aßt?
wie-viel bis Haltestelle anderes geblieben ist(es)
Wie viele Stationen sind es noch?

châhesch mi·kon·am be man be·guy·id / be·g·id kodjâ bâyad piyâde be·schaw·am / be·sch·am.
Bitte mache(ich) zu ich dass-saget(ihr) / (U)
wo muss(es) zu-Fuß dass-werde(ich) / (U)
Bitte sagen Sie mir, wo ich aussteigen muss.

Parkticket erforderlich

mit dem Flugzeug

parwâz·e ba'di key aßt?
Flug-G nächster wann ist(er)
Wann ist der nächste Flug?

in tschamadân·e man nißt.
dieser Koffer-G ich nicht-ist(er)
Das ist nicht mein Koffer.

tschamadân·hâ·ye man na·raßid·e·and.
Koffer-Mz-G ich nicht-angekommen-sind(sie)
Meine Koffer sind nicht angekommen.

mit dem eigenen Auto

Radfahren ist für Frauen nicht erlaubt.

(az) kodjâ mi·tawân·am / mi·tun·am mâschin / do-tscharche kerâye be·kon·am?
(von) wo kann(ich) / (U) Auto / Zweirad Miete dass-mache(ich)
Wo kann ich ein Auto / Fahrrad mieten?

نزدیکترین پمپ بنزین کجا است؟
nazdik·tarin pomp·e benzin kodjâ aßt?
nächste Pumpe Benzin wo ist(sie)
Wo ist die nächste Tankstelle?

لطفاً تانک را پر بکنید
lotfan tânk râ por be·kon·id!
bitte Tank 4 voll macht(ihr)
Bitte tanken Sie voll!

mi·tawân·id / mi·tun·id komak·am be·kon·id?
könnt(ihr) / (U) Hilfe-ich dass-machet(ihr)
Könnten Sie mir behilflich sein?

komk lâzem dar·id?
Hilfe nötig habt(ihr)
Brauchen Sie Hilfe?

تایر ماشینم پنچر شده است
tâyer·e mâschin·am pantschar schod·e (aßt).
Reifen-G Auto-mein Platten geworden (ist)
Ich habe eine Reifenpanne.

ماشینم خراب است / خرابه
mâschin·am charâb aßt / charâb·e.
Auto-mein kaputt ist / (U)
Mein Auto ist kaputt.

ماشینم روشن نمیشود
mâschin·am rouschan ne·mi·schaw·ad.
Auto-mein hell nicht-wird(es)
Mein Auto springt nicht an.

تعمیرگاه امروز باز است؟
ta'mirgâh emruz bâz aßt?
Werkstatt heute offen ist(sie)
Ist die Werkstatt heute geöffnet?

خواهش میکنم باتری را پر بکنید
châhesch mi·kon·am bâtri râ por be·kon·id!
Bitte mache(ich) Batterie 4 voll dass-machet(ihr)
Laden Sie bitte die Batterie auf.

„Mindern Sie Ihre Geschwindigkeit"

لطفاً ترمزرا درست بکنید
lotfan tormoz râ doroßt be·kon·id!
bitte Bremse 4 genau dass-machet(ihr)
Bitte reparieren Sie die Bremse.

key hâzer mi·schaw·ad / misch·e?
wann anwesend wird(es) / (U)
Wann wird es fertig?

ما راه را گم کرده‌ایم
mâ râh râ gom kard·e·im.
wir Weg 4 verlieren gemacht-haben(wir)
Wir haben uns verfahren.

مرکز شهر کجا است؟
markaz·e schahr kodjâ aßt?
Mitte-G Stadt wo ist(sie)
Wo ist das Stadtzentrum?

tâ marz / ßarhadd râh cheyli aßt?
bis Grenze Weg viel ist(er)
Ist es noch weit bis zur Grenze?

râh(·e) be ... chub / doroßt aßt?
Weg(-G) nach ... gut / richtig ist(er)
Ist der Weg nach ... gut / befahrbar?

râh(·e) be ... cheyli charâb aßt.
Weg(-G) nach ... sehr kaputt ist(er)
Der Weg nach ... ist sehr schlecht.

tsche chabar aßt / chabar·e?
was Nachricht ist(sie) / (U)
Was ist los?

schomâ schâhed bud·id / bud·in.
ihr Zeuge wart(ihr) / (U)
Sie waren Zeuge.

poliß / paßbân râ ßedâ mi·zan·am / mi·kon·am!
Polizei 4 Stimme schlage(ich) / mache(ich)
Ich rufe die Polizei!

taßghir·e man nißt.
Schuld-G ich nicht-ist
Es ist nicht meine Schuld.

eßm·e bime·ye schomâ tschi aßt?
Name-G Versicherung-G ihr was ist(er)
Wie heißt Ihre Versicherung?

in mâschin bime·ye kâmel dâr·ad?
dieses Auto Versicherung-G vollständig hat(es)
Ist dieses Auto vollkaskoversichert?

خروج (خروجی)	**chorudj(i)**	Ausfahrt / Ausgang
اگزوس – ماشین	**egzoß – mâschin**	Auspuff – Auto
کوه – پل – ده	**kuh – pol – deh**	Berg – Brücke – Dorf
ورود (ورودی)	**worud(i)**	Einfahrt / Eingang
قطار	**ghatâr**	Eisenbahn / Zug
شوفر / راننده	**schufer / rânande**	Fahrer
بلیط	**belit**	Fahrkarte
طیاره ;هواپیما	**tayyâre; hawâ-peymâ**	Flugzeug
دنده	**dande**	Gang / Getriebe
کوهستان – خطر	**kuheßtân – chatar**	Gebirge – Gefahr
اسباب / اثاثیه	**aßbâb / aßâßiye**	Gegenstände / Gepäck
سرعت	**ßor'at**	Geschwindigkeit
مرز / سرحد	**marz / ßarhad(d)**	Grenze
لاستیک	**lâßtik**	Gummi / Reifen
زنجیر – درجه	**zandjir – daradje**	Kette – Klasse
رادیاتور – کلاچ	**râdiyâtor – kelâtsch**	Kühler – Kupplung
آهسته / یواش	**âheßte / yawâsch**	langsam
دریا – کرایه	**daryâ – kerâye**	Meer – Miete
روغن – چرخ	**roughan – tscharch**	Öl – Rad
کشتی – تند	**keschti – tond**	Schiff – schnell

pitsch	Schraube / Kurve	پیچ
âtschâr	Schraubenschlüssel	آفتاب
schahr – djarime	Stadt – Strafe	شهر – جریمه
darre	Tal / Schlucht	دره
taßâdof – ßâhel	Unfall – Ufer / Strand	تصادف – ساحل
bime – ehtiyât	Versicherung – Vorsicht	بیمه – احتیاط
djangal – âbschâr	Wald – Wasserfall	جنگل – آبشار
biyâbân	Wüste	بیابان
scham'	Zündkerze *(Kerze)*	شمع
ßilandr	Zylinder	سیلندر

Himmelsrichtungen & Wetter

schomâl	Norden	شمال
djonub	Süden	جنوب
gharb	Westen	غرب
schargh	Osten	شرق

tagarg – âßemân	Hagel – Himmel
meh(·i) / mah(·i) *(U)*	Nebel (neblig)
bârân(·i)	Regen (regnerisch)
barf – chorschid	Schnee – Sonne
âftâb(·i)	Sonnenschein (sonnig)
tufân(·i)	Sturm (stürmisch)
choschk – garm	trocken – warm
hawâ	Wetter / Luft
bâd(·i)	Wind (windig)
abr(·i)	Wolke (wolkig)

emruz tschand daradje aßt?
heute wie-viel Grad ist(es)
Wie viel Grad ist es heute?

emruz hawâ cheyli chafe-konade aßt.
heute Wetter sehr stickig ist(es)
Heute ist es sehr stickig.

Kaufen & Feilschen

Mit einem Smartphone können Sie sich die mit einem 𝔇 gekennzeichneten Sätze dieses Kapitels anhören.

Es ist doch merkwürdig: Wenn man vom Bazar spricht, denkt man sofort ans Feilschen. Feilschen muss aber gelernt sein. Vergleichen Sie vorher die Preise. Dort, wo die Ware mit Preisschildern versehen ist, z. B. in Warenhäusern und bei Lebensmittelhändlern, wird im Allgemeinen nicht gehandelt. Wenn Sie Schmuck oder Teppiche kaufen wollen, können Sie trotz der Preischilder vorsichtig um „Nachlass" bitten und die Reaktion abwarten.

Nun, wo auch immer man einkauft, auf gar keinen Fall sollte man den Eindruck erwecken, dass man die Ware dringend benötigt oder unter Zeitdruck steht.

Souvenirladen

an râ / un·o mi·tawân·am / mi·tun·am be·bin·am?
jenes 4 / (U) kann(ich) / (U) dass-sehe(ich)
Könnte ich das da mal sehen?

(قیمت) این چند / چقدر است؟
(gheymat·e) in tschand aßt / tsche-ghadr aßt?
Preis-G dieses wie-viel ist(er) / was-Wert ist(es)
Was kostet das?

ßad tumân / toman aßt.
hundert Tuman / (U) ist(es)
100 Tuman.

in ziyâd / cheyli gerân aßt.
dieses viel / sehr teuer ist(es)
Das ist sehr teuer!

arzân·tar tschiz·i na·dâr·id?
billiger Ding-ein nicht-habt(ihr)
Haben Sie nichts Billigeres?

na.
Nein.

tachfif ne·mi·dah·id / ne·mi·d·in?
Ermäßigung nicht-gebt(ihr) / (U)
Geben Sie keine Ermäßigung?

nawad tumân, bisch·tar na.
neunzig Tuman mehr nein
90 Tuman, nicht mehr.

in âchar·in gheymat(·etân) aßt?
dieses letzte Preis(-euer) ist(er)
Ist das Ihr letzter Preis / Angebot?

bale.
Ja.

haschtâd tumân, râzi haßt·id?
achtzig Tuman zufrieden seid(ihr)
80 Tuman, sind Sie damit einverstanden?

haschtad o pandj tumân.
achtzig und fünf Tuman
85 Tuman.

na merßi, paß chodâ hâfez.
nein danke dann Gott Beschützer
Nein danke, dann auf Wiedersehen.

bi·y·â, haschtâd tumân.
komm(du) achtzig Tuman
Also dann, 80 Tuman.

lotfan yek pâkat be man be·dah·id / be·d·id.
bitte ein Paket zu ich gebt(ihr) / (U)
Bitte geben Sie mir eine Tüte.

rang·e / andâze·ye digar·i dâr·id?
Farbe-G / Größe-G andere-eine habt(ihr)
Haben Sie eine andere Farbe / Größe?

mi·tawân·am in râ awaz be·kon·am?
kann(ich) dieses 4 Austausch dass-mache(ich)
Kann ich das umtauschen?

in râ mi·châh·am paß be·dah·am / be·d·am.
dieses 4 will(ich) zurück dass-gebe(ich) / (U)
Ich möchte das zurückgeben.

dâr·am faghat negâh mi·kon·am.
habe(ich) nur Blick mache(ich)
Ich schaue nur.

in angoschtar ßâcht·e irân aßt?
dieser Ring Herstellung-G Iran ist(er)
Ist dieser Ring im Iran hergestellt?

in guschwâre az âb·talâ aßt?
dieser Ohrring von Wasser-Gold ist(er)
Ist dieser Ohrring vergoldet?

in kafsch tang·am aßt.
dieser Schuh eng-mir ist(er)
Dieser Schuh ist mir zu eng.

in pârtsche âb mi·chor·ad / mi·raw·ad / mi·r·e?
dieser Stoff Wasser isst(er) / geht(er) / (U)
Läuft dieser Stoff ein?

mu·y·am râ / mu·m·o kutâh be·kon·id.
Haar-mein 4 / (U) kurz macht(ihr)
Schneiden Sie meine Haare kurz.

risch·am râ lazem nißt be·zan·id.
Bart-m. 4 nötig nicht-ist dass-schneidet
Meinen Bart brauchen Sie nicht zu schneiden.

âbi – zard	blau – gelb	
ßabz – banafsch	grün – lila	
ßorch / germez	rot	
ßiyâh – ßefid	schwarz – weiß	
gol-dâr – ßâde	geblümt – uni	
râh-râh(i)	gestreift	
derâz – kutâh	lang – kurz	derâz·â *Länge*
tang – goschâd	eng – weit	
pahn	breit	pahn·â *Breite*

daßt-band – harâdj·i	Armband – Ausverkauf	دست‌بند – حراجی
eynak – fandak	Brille – Feuerzeug	عینک – فندک
ßalmâni	Friseur	سلمانی
kamar-band	Gürtel	کمربند
galu / gardan-band	Halskette	گلو / گردن‌بند
schalwâr – kolâh	Hose – Hut	شلوار – کلاه
dogme – ghannâd·i	Knopf – Konditorei	دگمه – قنادی
maghâze	Laden / Geschäft	مغازه
baghghâl·i	Lebensmittelgeschäft	بقالی
ßuzan	Nähnadel	سوزن
raßid	Quittung / Rechnung	رسید
gheymat – arußak	Preis – Puppe	قیمت – عروسک
zip – dâman	Reißverschluss – Rock	زیپ – دامن
gheytschi – tschatr	Schere – Schirm	قیچی – چتر
ghaßßâbi	Schlachterei	قصابی
kafsch – kaffâsch·i	Schuhe – Schuhgeschäft	کفش – کفاشی
aßbâb-bâzi	Spielzeug	اسباب بازی
tschakme – pârtsche	Stiefel – Stoff	چکمه – پارچه
kebrit – tutun	Streichholz – Tabak	کبریت – توتون
kif – ßini	Tasche – Tablett	کیف – سینی
ghâli / farsch	Teppich	قالی / فرش
arzesch / ghadr	Wert	ارزش / قدر

Bank – Post – Behörden

Viele Angestellte dieser Branchen beherrschen die englische Sprache gut, so dass man mit wenig Persisch zurecht kommen müsste.

Bank

Kreditkarten und Reiseschecks werden im Iran im Allgemeinen nicht angenommen. Es ist auch fraglich, ob größere Hotels diese akzeptieren. Daher ausreichend Bargeld mitnehmen, am besten in großen Scheinen, die Sie (eventuell) zu einem günstigeren Kurs wechseln können als kleinere Scheine. Dies können Sie z. B. in einer Wechselstube (ßarâfi) tun. Es gibt inzwischen auch Geldautomaten, aber nur für Kunden, die ein Giro- bzw. Sparkonto bei der entsprechenden Bank haben.

yuro tschand aßt?
Euro wie-viel ist(er)
Wie ist der Wechselkurs des Euro?

mi·tawân·am bâ kredit-kârt be·pardâz·am?
kann(ich) mit Kredit-Karte dass-bezahle(ich)
Kann ich mit der Kreditkarte bezahlen?

man pul·e chord lâzem dâr·am. **lotfan eßkenâß·e kutschik be·dah·id.**
ich Geld-G winzig nötig habe(ich) *Bitte Banknote-G klein gebt(ihr)*
Ich brauche Kleingeld. Bitte geben Sie kleine Scheine.

eßkenâß	Banknote
yuro – dollâr	Euro – Dollar
frank·e ßwiß	Schweizer Franken
naghd – arz – nerch	bar – Devisen – Kurs
kârt·e etebâr·i / kredit-kârt	Kreditkarte
kârt·e âber·e bânk / chod pardâz	Scheckkarte
âber·e bânk / chod pardâz	Geldautomat
tschek·e moßâferati	Reisescheck
mablagh – hawâle	Betrag – Überweisung

Telefonieren

Die iranischen Mobiltelefonsysteme sind denen der europäischen Länder noch nicht angepasst (außer über Satellit). Ihr Mobiltefon (mobile) können Sie im Iran nicht benutzen. Die SIM-Karten (ßim-kârt) sind sehr teuer und kommen einer Neuanschaffung plus Vertragsabschluss gleich.

Wenn das Telefon klingelt, meldet man sich mit bale *ja*. Eine höflichere Variante ist bale kombiniert mit farmudan *befehlen*, und zwar so:

Telefonieren per Mobiltelefon nach Europa ist ungeheuer teuer. Daher immer vom Festnetzanschluss telefonieren, oder noch güstiger mit Telefonkarte.

Für Telefonzellen اتاق تلفن otâgh·e telefon *müssen Sie Münzen dabei haben.*

bale be·farmây·id.
ja befehlt(ihr)
Ja bitte, Sie wünschen?

mi·tawân·am bâ ... ßohbat be·kon·am?
kann(ich) mit ... Gespräch dass-mache(ich)
Könnte ich mit ... sprechen?

lotfan be ... be·guy·id be man zang be·zan·ad.
bitte zu ... sagt(ihr) zu ich Klingel dass-schlage(er)
Bitte sagen Sie ..., er möge mich anrufen.

ischân / ischun key bar·mi·gard·and?
sie / (U) wann zurückkehren(sie)
Wann kommt er / sie zurück?

man do-bâre zang mi·zan·am.
ich zweite-mal Klingel schlage(ich)
Ich rufe wieder an.

schomâre awazi gereft·e·id.
Zahl verkehrt genommen-habt(ihr)
Sie haben sich verwählt.

pisch-schomâre be ... tschi aßt?
Vor-Zahl zu ... was ist(sie)
Wie ist die Vorwahl nach ... ?

guschi(·ye) telefon daßt·etân bâsch·ad.
Hörer(-G) Telefon Hand-eure dass-sei(sie)
Bitte bleiben Sie am Apparat.

ßim·e telefon charâb aßt.
Draht-G Telefon kaputt ist(er)
Die Leitung ist gestört.

chatt·e telefon gereft·e / âzâd aßt.
Linie-G Telefon genommen / frei ist(sie)
Die Leitung ist besetzt / frei.

schomâre / nomre gereft·e / eschghâl aßt.
Zahl genommen / besetzt ist
Die Nummer ist besetzt.

schomâre(·ye) telefon·etân tschand aßt?
Zahl-G Telefon-eure wie-viel ist(sie)
Wie ist Ihre Telefonnummer?

kaß·i djawâb ne·mi·dah·ad.
Person-ein Antwort nicht-gibt
Niemand antwortet.

Post

Beim Versand von Paketen müssen Sie wie auch hierzulande ein Formular mit den üblichen Angaben über Absender, Empfänger, Inhalt usw. ausfüllen. Im Allgemeinen wird auch eine Kopie Ihres Ausweises verlangt.

Dies geschieht, um bei eventuellem Versandverlust besser nachforschen zu können.

با پست هوائی
bâ poßt·e hawâ·y·i
mit Post-G luftig
per Luftpost

با پست زمینی
bâ poßt·e zamin·i
mit Post-G irdisch
mit normaler Post

fereßtande – djawâb	Absender – Antwort	فرستنده – جواب
eschghâl – medâd	besetzt – Bleistift	اشغال – مداد
nâme – ßandugh·e poßt	Brief – Briefkasten	نامه – صندوق پست
tamb(a)r / tamr *(U)*	Briefmarke	تمبر
poßt·tschi – târich	Briefträger – Datum	پستچی – تاریخ
nâme·ye fouri	Eilbrief	نامه فوری
nâme·ye ßefâresch·i	Einschreiben	نامه سفارشی
girande – ßo'âl	Empfänger – Frage	گیرنده – سوال
taghwim	Kalender	تقویم
chod-kâr	Kugelschreiber	خود کار
baßte – poßt-châne	Paket – Postamt	بسته – پست خانه
mohr – pâkat	Stempel – Umschlag	مهر – پاکت
madjalle – ruz-nâme	Zeitschrift – Zeitung	مجله – روز نامه

key ßandugh·e poßt râ / poßt·o châli mi·kon·and?
wann Kasten-G Post 4 / (U) leer machen(sie)
Wann wird der Briefkasten geleert?

poßt·tschi ma'mulan key mi·âyad / mi·y·âd?
Briefträger gewöhnlich wann kommt(er) / (U)
Wann kommt der Briefträger gewöhnlich?

Internet

Das Internet (internet) gehört inzwischen im modernen Iran so zum Alltag wie anderswo auf der Welt.

Die Sprache des Internets ist auch im Iran das Englische.

coffee-net	Internet-Café
email / poßt·e elektronik·i	Email
tschek kardan	abrufen
fereßtadan / send	versenden
tschap kardan / print	ausdrucken

coffee-net in·djâ kodjâ aßt?
Internet-Café hier wo ist(es)
Wo gibt es hier ein Internet-Café?

man mi·châh·am email·am râ tschek be·kon·am.
ich will(ich) Email-ich 4 Prüfung dass-mache(ich)
Ich möchte Emails abrufen.

man mi·châh·am email be·fereßt·am.
ich will(ich) Email-ich 4 dass-sende(ich)
Ich möchte Emails versenden.

internet ßâ'at·i tschand mi·schaw·ad?
Internet stündlich wie-viel wird(es)
Was kostet eine Stunde Internet?

Behörden

سفارت آلمان کجا است؟
ßefârat·e âlmân kodjâ aßt?
Botschaft-G Deutschland wo ist(sie)
Wo ist die deutsche Botschaft?

نزدیکترین کلانتری کجا است؟
nazdik·tarin kalântar·i kodjâ aßt?
nächste Polizeiwache wo ist(sie)
Wo ist die nächste Polizeiwache?

gozar-nâme *= Reisepass von* gozaschtan *= „Durchgang, Vorbeigehen",* nâme *= „Brief, Schreiben, Urkunde"*

من گذرنامه‌ام را گم کرده‌ام
man gozar-nâme·am râ gom kard·e·am.
ich Reisepass-mein 4 Verlust gemacht-habe(ich)
Ich habe meinen Reisepass verloren.

کمک، کیفم را دزدید
komak, kif·am râ dozd·id.
Hilfe Tasche-meine 4 gestohlen-hat(er)
Hilfe, er hat meine Tasche gestohlen.

man mi·châh·am bâ wakil·am harf be·zan·am.
ich will(ich) mit Anwalt-m. Buchstabe dass-schlage(ich)
Ich möchte mit meinem Anwalt sprechen.

man az schomâ schekâyat châh·am kard.
ich von ihr Beschwerde werde(ich) machte
Ich werde mich über Sie beschweren.

schomâ edjâze·ye eghâmat dâr·id?
ihr Erlaubnis-G Aufenthalt habt(ihr)
Haben Sie eine Aufenthaltserlaubnis?

man wizâ barâye do mâh lâzem dâr·am
ich Visum zwei Monat nötig habe(ich)
Ich brauche ein Visum für zwei Monate.

man waght / wacht ziyâd na·dâr·am.
ich Zeit / (U) viel nicht-habe(ich)
Ich habe nicht viel Zeit.

eghâmat – châredj·i	Aufenthalt – Ausländer	اقامت – خارجی
edâre / daftar – dozd	Büro – Dieb	اداره / دفتر – دزد
edjâze – tabaghe	Erlaubnis – Etage	اجازه – طبقه
scherkat	Firma / Gesellschaft	شرکت
zendân – konßulgar·i	Gefängnis – Konsulat	زندان – کنسولگری
chabar (achbâr)	Nachricht(en)	خبر (اخبار)
omum·i – raßm·i	öffentlich – offiziell	عمومی – رسمی
melli – polіß / pâßbân	national – Polizei	ملی – پلیس / پاسبان
kalântar·i	Polizeiwache	کلانتری
gozar-nâme – djalaße	Reisepass – Sitzung	گذرنامه – جلسه
doulat·i – gharârdâd	staatlich – Vertrag	دولتی – قرارداد
schâhed – gomrok	Zeuge / Zeugin – Zoll	شاهد – گمرک

Krank sein

Mit einem Smartphone können Sie sich die mit einem 👂 gekennzeichneten Sätze dieses Kapitels anhören.

Werden Sie während Ihrer Reise ernsthaft krank, erkundigen Sie sich am besten nach dem nächsten Krankenhaus. Viele Ärzte arbeiten morgens oder nachmittags in den Krankenhäusern, so dass ihre Praxen zu diesen Zeiten geschlossen sind.

کمک!
👂 **komak!**
Hilfe
Hilfe!

دکتر خوبی میشناسید؟
👂 **doktor·e chub·i mi·schenâß·id?**
Arzt-G gut kennt(ihr)
Kennen Sie einen guten Arzt?

پزشک پوست	**pezeschk·e pußt**	Hautarzt
پزشک عمومی	**pezeschk·e omumi**	Allgemeinarzt
دندان پزشک	**dandân pezeschk**	Zahnarzt
پزشک زنان	**pezeschk·e zan·ân**	Frauenarzt
پزشک چشم	**pezeschk·e tescheschm**	Augenarzt

نزدیکترین بیمارستان / مریضخانه کجا است؟
👂 **nazdik·tarin bimâr·eßtân / mariz-châne kodjâ aßt?**
nächstes Krankenhaus / krank-Haus wo ist(es)
Wo ist das nächste Krankenhaus?

Es ist sehr sinnvoll, eine kleine Hausapotheke bei sich zu haben, so dass man sich in Notfällen selbst helfen kann.

Wenn Sie auf Medikamente angewiesen sind, wenden Sie sich an die Zentralapotheke in größeren Städten. Dort kann man fast alle verschriebenen Medikamente bekommen.

دارو / دواخانه مرکزی کجا است؟
dâru-châne / dawâ-châne·ye markaz·i kodjâ aßt?
Arznei-Haus / Medikament-H.-G Zentrale-ein wo ist
Wo ist die Zentralapotheke?

من مریض هستم
man mariz haßt·am.
ich krank bin(ich)
Ich bin krank.

حالم خوب نیست
hâl·am chub nißt.
Zustand-mein gut nicht-ist
Es geht mir nicht gut.

mariz / bimâr
Kranker, Patient

mariz / bimâr budan
krank sein

lotfan doktor / paraßtâr râ ßedâ be·kon·id.
bitte Arzt / Schwester 4 Laut macht(ihr)
Bitte rufen Sie den Arzt / die Schwester.

mariz schodan
krank werden, erkranken

kodjâ·y·etân dard mi·kon·ad?
wo-euch Schmerz macht(es)
Wo tut es Ihnen weh?

من تب دارم
man tab dâr·am.
ich Fieber habe(ich)
Ich habe Fieber.

من سرگیجه دارم
man ßar-gidje dâr·am.
ich Kopf-Schwindel habe(ich)
Mir ist schwindelig.

schekam / del·am dard mi·kon·ad.
Bauch / Herz-mein Schmerz macht(er/es)
Ich habe Bauchschmerzen.

حالم بد است
hâl·am bad aßt.
Zustand-mein schlecht ist
Mir ist schlecht.

feschâr·e chun / ghand·am bâlâ / pâyin aßt.
Druck-G Blut / Zucker-mein oben / unten ist(er)
Mein Blutdruck / Zucker ist hoch / niedrig.

دندانم درد میکند
dandân·am dard mi·kon·ad.
Zahn-mein Schmerz macht(er)
Ich habe Zahnschmerzen.

man ßarmâ chord·e·am.
ich Kälte gegessen-habe(ich)
Ich habe mich erkältet.

angoscht *heißt im Prinzip bereits „Finger". Für die Zehe wird ebenfalls* angoscht *bzw. verdeutlichend* angoscht·e pâ *(*pâ *„Fuß, Bein"), umgangssprachlich auch* schaßt·e pâ *gesagt, wobei eigentlich* schaßt *„Daumen" bedeutet. Das heißt, um deutlich zu machen, dass es sich um die Finger und nicht die Zehen handelt, wird* daßt *„Hand" eingefügt.*

angoscht·e daßt·am schekaßt·e (aßt).
Finger-G Hand-mein gebrochen (ist)
Mein Finger ist gebrochen.

man be ... haßâßiyat dâr·am.
ich zu ... Empfindlichkeit habe(ich)
Ich bin allergisch gegen ... .

man bi hâl·am.
ich ohne Zustand-mein
Ich fühle mich schlapp.

man zamin chord·e·am.
ich Erde gegessen-habe(ich)
Ich bin hingefallen.

man az âmpul / ßuzan zadan mi·tarß·am.
ich von Spritze / Nadel schlagen fürchte(ich)
Ich habe Angst vor der Spritze.

pâ·ye tschap·am châb raft·e (aßt).
Fuß-mein links Schlaf gegangen (ist)
Mein linker Fuß / Bein ist eingeschlafen.

dar raftan *„verstauchen" (aber auch „flüchten")*

قوزک پایم / پام در رفته (است)
ghuzak·e pâ·y·am / pâ·m dar raft·e (aßt).
Knöchel-G Fuß-mein / (U) Tür gegangen (ist)
Ich habe mir den Knöchel verstaucht.

man hâmele haßt·am.
ich schwanger bin(ich)
Ich bin schwanger.

tschand mâh·etân / mâh·etun aßt?
wie-viel Monat-euer / (U) ist(er)
Im wievielten Monat sind Sie?

من رسید برای بیمه‌ام میخواهم
man raßid barâye bime·am mi·châh·am.
ich Quittung für Versicherung-mein will(ich)
Ich brauche eine Quittung für meine Versicherung.

من گواهی نامه لازم دارم
man gawâhi-nâme lâzem dâr·am.
ich Bescheinigung nötig habe(ich)
Ich brauche eine Bescheinigung.

bâzu – matabb	Arm – Arztpraxis
schekam / del – pâ	Bauch – Bein / Fuß
chun – rude – eßhâl	Blut – Darm – Durchfall
angoscht – gardan	Finger – Hals
daßt – ghalb / del	Hand – Herz / *(literar.)*
ßakte·ye ghalbi	Herzinfarkt
zânu – ßar	Knie – Kopf
mariz / bimâr	krank / Kranker
djegar / riye	Leber / Lunge
me'de – nâchon	Magen – (Finger-)Nagel
bini / damâgh	Nase
kolye / gholwe	Niere
aßab – noßche	Nerv – Rezept
ßakte·ye maghzi	Schlaganfall
ghorß / habb	Tablette / Pille
hâmele – edrâr	schwanger – Urin
madjruh / zachm·i	Verletzter
pambe	Watte *(Baumwolle)*

zachm	Wunde
dandân – schiyâf	Zahn – Zäpfchen
zabân / zabun *(U)*	Zunge (*auch:* Sprache)

Sport & Freizeit

Es folgen nun einige Freizeitaktivitäten, die Sie im Iran ausüben können. Frauen dürfen kein Fahrrad fahren. Strände und Schwimmbäder sind nach Geschlechtern getrennt.

gardesch kardan	spazieren / bummeln
piyâde-raw·i	Wandern
aßb-ßawâr·i	Reiten
tup-bâz·i	Ballspiel
kuh-nawardr·i	Bergsteigen
ghâyegh-rân·i	Segeln
mâhi-gir·i	Angeln

man har ruz nim ßâ'at warzesch mi·kon·am.
ich jeder Tag halb Stunde Sport mache(ich)
Ich mache jeden Tag eine halbe Stunde Sport.

bi·y·â fardâ be·raw·im / be·r·im lab·e daryâ.
komm morgen dass-gehen(wir) / (U) Rand-G Meer
Lass uns morgen ans Meer gehen / fahren.

houßele dâr·i kam·i ghadam be·zan·im?
Geduld hast(du) wenig Schritt dass-schlagen(wir)
Hast du Lust, ein wenig spazieren zu gehen?

Literaturtipps

Gratuliere! Sie haben sich bis hierher tapfer durchgeschlagen und möchten sich jetzt intensiver mit der persischen Sprache befassen. Hierzu folgende Buchempfehlungen:

Diese Bücher und Schriften sind nicht über den Reise Know-How Verlag erhältlich. Bitte wenden Sie sich an Ihre Buchhandlung, an eine gute Bibliothek, oder versuchen Sie es online!

Langenscheidt Praktisches Lehrbuch Persisch, Bozorg Alavi & Manfred Lorenz, Langenscheidt Verlag Berlin-München, 1999, ISBN 978-3-468-26249-4 – *Die Grammatik wird ausführlich behandelt. Das Persische wird in Umschrift wiedergegeben. Jedes Kapitel mit eigener Vokabelliste, gefolgt von Textübungen.*

Elementarbuch der persischen Sprache, Band 1, Dr. Mir Hamid Madani, Buch-Mayer Ebermannstadt, 1987, ISBN 3-9801565-0-8 – *Erster von drei umfassenden Bänden. Ausführliche Behandlung der Grammatik.*

Elementarbuch der persischen Sprache, Band II, Dr. Mir Hamid Madani, Buch-Mayer Ebermannstadt, 1992, ISBN 3-9801565-1-6 – *Der weiterführende zweite Band. Hier stehen kulturelle Gegebenheiten im Iran im Vordergrund. – Band III der Serie stellt ein Glossar zu den Bänden I/II mit ca. 12.000 Stichwörtern dar.*

Sprachkurs Persisch: Einführung in die persische Sprache der Gegenwart, Faramarz Behzad & Soraya Divshali, Alefba Verlag, Bamberg, 2004, ISBN 978-3- 9807103-5-0. – *Sehr gutes Lehrbuch. Sehr empfehlenswert.*

Literaturtipps

Lehrgang der persischen Sprache, Khosrau Behrouz, Richard Flower & Tilman Nagel, Georg Olms Verlag, Hildesheim, 1989, ISBN 3-487-09184-4 – *Sehr umfangreiches und gutes Lehrbuch. Nur in Bibliotheken zu finden.*

Persisch-Deutsches Wörterbuch, Prof. H. Junker & Prof. B. Alavi, Verlag Hueber, VBL Verlag Enzyklopädie Leipzig, 2002, ISBN 978-3-447-04561-2 – *Sehr gutes Nachschlagewerk mit ca. 50.000 Einträgen. Das Persische wird in Umschrift wiedergegeben.*

Deutsch-Persisches Wörterbuch, Dr. Amir Aschraf Aryanpour, 1999, Verlag Kamangir, Teheran, ISBN 9646743-36-6 – *Enthält etwa 50.000 Einträge, das Persische hat keine Umschrift.*

The new unabridged English – Persian Dictionary, Band I bis V, Abbas Aryanpur, Verlag Amir- Kabir, Teheran, 1997, ISBN 964-00-0336-0. *Die Stichwörter sind auf Englisch, die Beispielsätze sowohl englisch als auch persisch, die Erklärung jedoch in persischer Schrift.*

An Intermediate Persian Dictionary, Dr. Mohammad Mo'in,Verlag Amir Kabir, Teheran, 1998, ISBN: 964-00-0382-4 – *Dieses Wörterbuch besteht aus sechs Bänden und ist ein Goldschatz unter den Wörterbüchern. Alles wird auf Persisch erklärt, also muss man die Sprache auch schon richtig lesen und verstehen können. Nur die Stichwörter werden in Umschrift wiedergegeben.*

Seyed-Alaedin-Hossein-Schrein, Schiraz

In den beiden Wörterlisten Deutsch – Persisch und Persisch – Deutsch finden Sie jeweils deutlich mehr als 1000 Wörter, die Ihnen schon ein ganzes Stück weiterhelfen können.
Bei der alphabetischen Reihenfolge der persischen Stichwörter ist zu beachten, dass a *und* â *sowie* s(ch) *und* ß *als getrennte Buchstaben behandelt werden. Der Apostroph* ' *wird jedoch nicht bei der Sortierung berücksichtigt.*

A

Abend schab
Abendessen schâm
aber balke, ammâ, wali
Absatz (Schuh) pâschne
Absender fereßtande
Akte parwande
albern luß
alle hame;
a. beide har do
allein tanhâ
alles hame tschiz
alt pir;
(antik) bâßtâni
Alter (Lebens-) omr
Ameise murtsche
Amt edâre
an be, lab-e
anderer digar
Anfang schoru'
angebrannt (Essen) ßuchte
Angestellter kârmand;
(Büro) kârmand-e edâre
Angst tarß
ängstlich tarßu
anhalten negah dâschtan
ankommen raßidan
anschauen negâh kardan
anspringen (Auto) rouschan kardan
anrufen (Telef.) ßedâ zadan
anstatt be djâ-ye
Antwort djawâb
antworten djawâb dâdan
Anwalt wakil
anziehen puschidan
Apfel ßib
Apotheke dâru-châne, dawâ-châne
Appetit eschtehâ
Aprikose zardâlu
Arbeit kâr
arbeiten kâr kardan
Arbeiter kârgar
arm bi pul, faghir
Arm bâzu
Arzt pezeschk, doktor
Arztpraxis matabb
Asche châkeßtar
Aschenbecher zir-ßigâri
Asien âßiyâ
Ast schâch
Aubergine bâdendjân
auch ham
auf ru-ye
Aufenthalt eghâmat
aufheben bardâschtan
aufladen por kardan
Auflage tschâp
aufpassen mowâzeb budan
Auge tscheschm
aus az
Ausfahrt chorudj
ausgezeichnet âli
auskennen, sich balad budan
auslachen daßt andâchtan
Ausland châredj
Ausländer châredji
ausleihen gharz dâdan
Auspuff egzoß
ausrichten ßefâresch kardan
außer djoz;
au. dass djoz in ke
außerhalb châredj-e, birun-e
Ausverkauf harâdji
Auto mâschin

B

Bäckerei nânwâyi
Bad hammâm
Bahnhof ißtgâh-e râh-âhan
Bahnsteig ßakku

Balkon bâlkon
Ball tup;
B. spielen tup-bâzi kardan
Banane mouz
Bank bânk
bar naghd
Bär cherß
Bart risch
Batterie bâtri
Bauch schekam
Baum deracht
Baumwolle pambe
Bazar bâzâr
bedanken, sich taschakkor kardan
Befehl farmâyesch
befehlen farmudan
Beginn schoru'
bei pahlu-ye, pisch-e, ßar-e
beeilen, sich adjale kardan
Bein pâ
bekannt ma'ruf
benachrichtigen chabar dâdan
benötigen lâzem dâschtan
Benzin benzin
Berg kuh
Bergsteigen kuh-nawardi
berühmt ma'ruf
beschädigt charâb
Bescheinigung gawâhi-nâme
Beschwerde schekâyat
beschweren, sich schekâyat kardan
Besen djâru(b)
besetzt eschghâl
Besitz mâl
besser behtar, chubtar
bestellen ßefâresch dâdan
Bestellung ßefâresch
betrunken maßt
Bettlaken malâfe
Bettler gedâ
Beutel kiße
Bevölkerung djam'iyat
bevor pisch az in ke
bezahlen pardâchtan
Biene zanbur
Bier âb(-e) djou
Bild akß
billig arzân
Birne golâbi
bis tâ
bisschen kami
Bitte châhesch
bitten châhesch kardan
bitter talch
Blatt (Laub) barg
blau âbi
bleiben mândan
Bleistift madâd
blond bur
Blume gol
Blumenkohl gol-kalam
Blut chun
Boden zamin, châk
Botschaft (dipl.) ßefârat
braten ßorch kardan
brauchen lâzem dâschtan
braun ghahweyi
Braut aruß
Bräutigam dâmâd
breit pahn
Bremse tormoz
Brief nâme
Briefkasten ßandugh-e poßt
Briefmarke tam(ba)r
Briefträger poßt-tschi
Brille eynak
bringen âwardan;
(hin-) bordan
Brot nân
Brücke pol
Bruder barâdar
Buch ketâb
Bügeleisen otu
bügeln otu kardan
Bund (Strauß) daßte
Burg dej
Büro edâre, daftar
Bus otobuß
Butter kare

C

Café kâfe
Chauffeur schufer, rânande
Chef ra'iß
Christ, christlich maßihi
Computer râyâne, computer

D

Dame chânom
damit barâye in ke
danach paß, ba'd
Dank taschakkor
dankbar mamnun;
d. sein moteschakker budan
danke merßi
danken taschakkor kardan
dann paß, ba'd
dass ke
Dattel chormâ
Datum târich
Dauer moddat
dauern tul keschidan
denken fekr kardan
denn, deshalb tschon, barâye in ke
Deutscher, deutsch âlmâni
Deutschland âlmân
Devisen arz
Diät redjim
Dichter schâ'er
dick tschâgh
Dieb dozd
Diebstahl dozdi
Diener noukar
Dienstmädchen kolfat
dieser in

Dill schewid
Ding tschiz
Direktor ra'iß
Dorf deh
Dorn châr
dort ândjâ
draußen birun
Druck tschâp
drücken feschordan
du to
dumm bi husch
dunkel tire
dünn lâghar
Durchfall eßhâl
Durst teschnegi
durstig teschne

E

eben: e. dieser hamin;
e. jener hamân
Ehe ezdewâdj
Ehefrau zan, chânom
Ehemann schouhar
Ei tochm
Eid ghaßam, ßougand
eifersüchtig haßud
eilig fouri
Einbahnstraße chiyâbân-e yek-tarafe
einfach ßâde
Einfahrt, Eingang worud
Einladung da'wat
Einschreiben ßefâreschi
Eintragung ßabt
Eis yach;
(Speise-) baßtani
Eisen âhan
Eisenbahn râh-âhan
eiskalt yach
Empfang daryâft
Empfänger girande
Empfindlichkeit haßâßiyat
Ende pâyân, tamâm
Engel fereschte
entschuldigen, sich ma'zerat châßtan, bachschidan
Entschuldigung ozr, ma'zerat
er u
Erbrechen eßtefrâgh
Erbse (Kicher-) nochod
Erde zamin, châk
Erhalt daryâft
erhalten daryâft kardan
erkälten ßarmâ chordan
erkennen schenâchtan
Erlaubnis edjâze
Ermäßigung tachfif
erneuern tadjdid kardan
Esel char
essen chordan
Essen ghazâ, chorâk
Essig ßerke
Etage tabaghe
etwas tschiz(i)
Eule djoghd
Europa orupâ
europäisch orupâyi, farangi
Existenz (Dasein) wodjud

F

Fabrik kâr-châne
Faden nach
Fahne partscham
fahren rândan
Fahrer schufer, rânande
Fahrkarte belit
Fahrstuhl âßânßor
falls agar
Familie chânewâde
Farbe rang
fasten ruze gereftan
Fasten ruze
faul tanbal;
(verfault) charâb
Faulheit tanbali
Fee pari
Fehler eschtebâh
Feige andjir
Fenster pandjere
Ferien ta'tilât
fest mohkam, ßeft
Fest djaschn
festhalten negah dâschtan
fett (Essen) tscharb
Fett roughan
Feuer âtasch
Feuerzeug fandak
Fieber tab
Filiale scho'be
finden peydâ kardan
Finger angoscht
Firma scherkat
Fisch mâhi
Flasche botri
fleckig lakke-dâr
Fleisch guscht
fleißig zerang
fliegen parwâz kardan
fliehen farâr kardan
Flug parwâz
Flughafen forudgâh
Flugzeug tayyâre, hawâ-peymâ
folglich paß
Foto akß
Fotograf akkâß
Frage ßo'âl
fragen ßo'âl kardan
Frau (Ehe-) zan, chânom
Fräulein duschize
frech luß
frei âzâd
Freiheit âzâdi
fremd chârdji
Freund dußt

Wortliste Deutsch – Persisch

Friede ßalâm
frisch tâze
Friseur ßalmâni, ârâyeschgar
Frucht miwe
früh zud
Frühling bahâr
Frühstück ßobhâne, nâschtâyi
füllen por kardan
für barâye
Furcht tarß
fürchten, sich tarßidan
Fuß pâ;
zu F. piyâde

G

Gabel tschangâl
Gang (Getriebe) dande
gar (gekocht) pochte
Gardine parde
Gasse kutsche
Gast mehmân
Gasthof mehmân-châne
gebären zâyedan
geben dâdan
Gebet namâz, do'â
Geburtstag tawallod
Gedanke fekr
Geduld houßele, ßabr
geeignet monâßeb
Gefängnis zendân
Gefahr chatar
Gefallen: G. finden paßandidan
gegen taraf-e
Geheimnis râz
gehen raftan
gehorchen gusch kardan
geizig chaßiß
gelb zard
Geld pul
Gemüse ßabzi
genug baß, kâfi
Gepäck aßbâb, aßâßiye
geradeaus moßtaghim
Gerste djou
Geruch bu
Geschäft maghâze, dokkân
Geschmack mazze
Geschenk hadiyye;
(Reise-) ßoughâti
Geschwindigkeit ßor'at
gesegnet mobârak
Gesellschaft scherkat
Gesicht ßurat
gestern diruz;
g. Abend dischab
Gewicht wazn
Gewinn ßud
gewiss (doch!) albatte
Gewohnheit âdat
Glas (Material) schische;
(Trink-) liwân, gilâß
Glaube din, mazhab, imân
gleich barâbar;
(sofort) hâlâ, al'ân
Glückwunsch tabrik
Glühbirne lâmp
Gott chodâ
gratulieren tabrik goftan
grau châkeßtari
Grenze marz, ßarhadd
groß bozorg;
(Obst) doroscht
Größe (Kleidung) andâze
Großmutter mâdar bozorg
Großvater pedar bozorg
Grund dalil, ellat
gültig e'tebar dâschtan
Güte chubi
Gummi lâßtik
Gurke chiyâr
gut chub

H

Haar mu
haben dâschtan
Hafen bandar
Hagel tagarg
Hahn choruß
halb nim
Hälfte neßf
Hals gardan
Halt tawaghghof
Haltestelle ißtgâh
Hand daßt
Handtuch houle
Haselnuss fandogh
hässlich zescht
Hauptstadt pâyetacht
Haus châne
Haut pußt
Heft daftar
heilig moghaddaß
heiraten ezdewâdj kardan
heiß dâgh
helfen komak kardan
hell rouschan
Hemd pirâhan
Herbst pâyiz
Herr âghâ
Herz ghalb
heute emruz;
h. Abend emschab;
h. Morgen emruz ßobh
hier indjâ
Hilfe komak
Himmel âßemân
hinein tu-ye...
hinfallen zamin chordan
hinten poscht, aghab
hinter poscht-e, aghab-e
hoch boland
Hochzeit arußi
hoffen omidwâr budan

höflich bâ adab
Höflichkeit adab
holen âwardan
Honig aßal
hören schenidan
Horn schâch
Hose schalwâr
Hotel hotel
Huhn morgh
Hund ßag
Hunger goroßnegi
hungrig goroßne
Hupe bugh
Hut kolâh

I

ich man
ihr (2. Pers. Mz.) schomâ
immer hamische
in dar
Information ettelâ'(ât)
Ingenieur mohandeß
inmitten waßat-e
innerhalb tu-ye
intelligent bâ husch
Intelligenz husch
interessant djâleb
iranisch irâni
irren, sich eschtebâh kardan
Islam eßlâm

J

ja bale
Jacke kot
Jahr ßâl;
dieses J. emßâl;
voriges J. pârßâl
Jahreszeit faßl
jede(r) har;
(jedermann) har ki
jederzeit hame waght
jemand kaßi
jener ân
jetzt hâlâ, al'ân
Joghurt mâßt
Jude, jüdisch yâhudi, kalimi
jung djawân
Junge peßar

K

Kaffee ghahwe
Kalender taghwim
kalt ßard
Kälte ßarmâ
Kamel schotor
Kamm schâne
kämpfen djangidan
Kartoffel ßib zamini
Käse panir
Kasten ßandugh
Katze gorbe
kaufen charidan
Kaufmann tâdjdjer, bâzargân
Kehle galu
kein hitsch
keiner hitsch kaß
Kellner pisch-chedmat, gârßon
kennen dâneßtan
Kerze scham'
Kette zandjir
Kind batschtsche, farzand
Kino ßinemâ
Kirche kelißâ
Kirsche gilâß
Kissen mottakâ, bâlesch
Klasse (Zug) daradje
Klebstoff tschaßb
Kleid lebâß
klein kutschek
Kleingeld pul-e chord
Klingel zang
klingeln zang zadan
Knäuel kalâf(e)
Knie zânu
Knoblauch ßir
Knöchel ghuzak
Knochen oßtochân
Knopf dogme
knusprig bereschte
Koch âsch-paz
kochen pochtan
Kochtopf dig
Koffer tschamadân
Kokosnuss nârgil
Kollege ham-kâr
kommen âmadan
Konditorei ghannâdi
können tawâneßtan
Konsulat konßulgari
Kopf ßar
Kopfsalat kâhu
Koran ghorân
Korn dâne
Körper badan
kosten arzidan
Kragen yaghe
krank mariz, bimâr
Krankenhaus bimâreßtân, mariz-châne
Krawatte kerâwât
Kreis dâyere
Kreuzung tschahâr-râh
Kuchen schirini
Kühler râdiyâtor
Kugelschreiber chod-kâr
Kultur farhang
Kupplung kelâtsch
Kürbis kadu
Kurve pitsch
kurz kutâh
küssen bußidan

Wortliste Deutsch – Persisch

L

lachen chandidan
Laden maghâze, dokkân
Lampe tscherâgh, lâmp
Land keschwar, mamlekat
Landkarte naghsche
Landsmann ham-watan
lang boland
langsam âheßte, yawâsch
laufen dawidan
laut boland
läuten zang zadan
lauwarm welarm
Leben omr, zendegi
Lebensmittelladen baghghâli
Leder tscharm
ledern tscharmi
ledig modjarrad
leer châli
legen gozâschtan
Lehrer mo'allem, âmuzegâr
leicht (Gewicht) ßabok; **(zu tun)** âßân
leihen gharz kardan
leise (ruhig) ßâket
Leiter (Gerät) nardebân
lesen chândan
Leser chânande
Leute mardom
letzter âcharin
Licht nur
lieb aziz, djân
Liebe eschgh
lieben âschegh budan; **(mögen)** dußt dâschtan
Lied âwâz
Linie chatt
links tschap
Lippe lab
Lippenstift mâtik
locker schol
Löffel ghâschogh
Löwe schir
Luft hawâ
Lüge dorugh

M

machen kardan
Mädchen dochtar
Magen me'de
Mal bâr, martabe
manchmal gâhi
Mandarine nârangi
Mandel bâdam
Mann mard
männlich (Tier) nar
Mantel pâlto
Märchen afßâne
Marmelade morabbâ
Maus musch
Medikament dawâ, dâru
Meer daryâ
Mehl ârd
Mehlbeere ßendjed
meinen aghide dâschtan
Melone (Honig-) charbuze; **(Wasser-)** hendewâne
Mensch enßân, âdam
merkwürdig adjab
Messer kârd, tschâghu
Miete kerâye
Milch schir
Minister wazir
Minze na'nâ
mit bâ
Mittag zohr
Mittagessen nâhâr
Mitte waßat, markaz
mitteilen chabar dâdan
Mitteilung peyghâm
mögen meyl dâschtan
Mohrrübe hawidj
Monat, Mond mâh
morgen fardâ
Morgen ßobh
Moschee maßdjed
Moslem moßalmân
Motor motor
müde chaßte
Müdigkeit chaßtegi
Museum muze
Musik mußigi
Muskel mâhitsche
müssen bâyeßtan
Mutter mâdar

N

nach paß az, ba'd az **(zu)** be
nachdem ba'd az in ke
nächster âyande
Nacht schab
Nachtigall bolbol
Nachricht chabar
Nadel ßuzan; **(Sicherheits-)** ßandjâgh
Nagel (Finger-) nâchon; **(Metall)** mich
nahe: n. bei nazdik-e
nähen duchtan
Name eßm
nämlich ya'ni
Nase bini, damâgh
nass tar
Nation mellat
Natur tabi'at; **(Wesen)** zât
nehmen (an-) gereftan; **(auf-)** bardâschtan
neidisch haßud
nein na, (na) cheyr
Nerv aßab
Nest lâne
neu nou

Neujahr nou ruz, eyd
nichts hitsch tschiz
nie hitsch waght, hargez
niemand hitsch kaß
nirgendwo hitsch djâ
noch (immer) hanuz, bâz;
n. einmal bâz
Nummer schomâre, nomre
nur faghat
Nutzen cheyr

O

oben bâlâ
Obst miwe
obwohl agar tsche
oder yâ
offen bâz
offiziell raßmi
öffnen bâz kardan
ohne bi, bedune;
o. dass bedune in ke
ohnmächtig bi husch
Ohr gusch
Öl roughan;
(Erd-) naft
Olive zeytun
Onkel (mütterl.) dâyi;
(väterl.) amu
Orange nârandj
orange(farben) nârandji
Ordnung: in O. bringen doroßt kardan
Ort djâ
Osten schargh

P

Paar (Dinge, Tiere) djoft
Paket baßte
Palast kâch
Papagei tuti
Pass gozar-nâme
Perle morwârid
persisch fârßi
Person nafar;
pro P. nafari
Petersilie dja'fari
Pfeffer felfel
Pferd aßb
Pfirsich holu
pflanzen kâschtan
Pflaume âlu
Pilger (Mekka) hâdjdji
Pilot chalabân
Pilz ghârtsch
Pistazie peßte
Platten (Reifen) pantschar
Platz djâ
Polizist polìß, pâßbân
Postamt poßt-châne
Preis gheymat
Professor profoßor, oßtâd
probieren (Essen) tscheschidan
Prophet peyghambar
prüfen emtehân kardan
Prüfung emtehân
Pumpe pomp
Puppe arußak

Q

Quitte beh
Quittung raßid

R

Radiergummi pâk-kon
Radieschen torobtsche
Rand lab
rasieren risch zadan
Rauch dud
rauchen ßigâr keschidan
Rechnung ßurat(-e) heßâb, heßâb
rechts râßt
Regen bârân
reich bâ pul, ßerwatmand
Reichtum ßerwat
Reifen tâyer, lâßtik
reif (Obst) pochte
reinigen tamiz kardan, pâk kardan
Reis berendj
Reise ßafar, moßâferat
reisen ßafar kardan, moßâferat kardan
Reisender moßâfer
Reisescheck tschek-e moßâferâti
Reißverschluss zip
Reiten aßb-ßawâri
Religion din, mazhab
Reparatur ta'mir
reparieren ta'mir kardan
Rest bâghi
Restaurant reßtorân
reumütig paschimân
Rezept noßche
richtig doroßt
Richtung taraf, ßamt
riechen bu dâdan
Rind gâw
ringsum dur-tâ-dur
Rock dâman
roh châm
rosa ßurati
Rosine keschmesch
rosten zang zadan
Rücken poscht
Rückkehr bargascht
Rückseite aghab, poscht
rufen ßedâ kardan

S

Sache tschiz
säen kâschtan

Wortliste Deutsch – Persisch

Saft (Frucht-) âb-miwe
sagen goftan
Saite târ
Salz namak
salzig schur
Samt machmal
Sänger chânande
satt ßir
sauber tamiz, pâk
sauer torsch
Schaden zarar;
Sch. erleiden zarar kardan
Schaf gußfand
Schal schâl
Schale pußt
Schalter gische
Scham chedjâlat
schämen, sich chedjâlat keschidan
scharf (Messer) tiz;
(Speise) tond
Schatten ßâye
Schaukel tâb
Schaum kaf
Scheck tschek
Scheich scheych
Scheitel fargh
Schenkel rân
Schere gheytschi
Scherz schuchi
schicken fereßtâdan
Schiff keschti
Schirm tschatr
Schlachterei ghaßßâbi
Schlaf châb
schlafen châbidan
Schlaganfall ßakte
schlagen zadan
Schlange mâr
schlecht bad
schließen baßtan
Schloss ghofl,
(Tür) ghaßr
Schlucht dar(r)e
Schlüssel kelid
schmackhaft chosch-mazze
schmal bârik
Schmerz dard
schmutzig kaßif
Schnee barf
schneiden boridan
schnell tond
Schnurbart ßibil
schön ghaschang, zibâ, choschgel
Schrank komod
Schraube pitsch
Schraubenschlüssel âtschâr
Schrei dâd
schreiben neweschtan
Schritt ghadam
Schublade keschou
Schuh kafsch
Schuhgeschäft kaffâschi
Schulden gharz
schwach ßoßt
(Tee, Kaffee) kam rang
schwanger hâmele
Schwein chuk
schwer ßangin
Schwester châhar
schwierig doschwâr
Schwimmbad eßtachr
Schwimmen schenâ
Schwindel(gefühl) ßargidje
Schwur ghaßam, ßougand
Segeln ghâyegh-râni
sehen didan
sehr cheyli, ziyâd
Seide abrischam
Seife ßâbun
sein budan
seit az
seitdem az waghti ke
Seite pahlu, taraf;
(Buch) ßafhe
Senf chardal
sicher amn
sichtbar peydâ
sie (w Ez) u, ischân;
(Mz) inhâ, ischân
Sie schomâ
singen âwâz chândan
Sitte raßm, âdâb
sitzen nescheßtan
Sitzung djalaße
sogar hattâ
Sohn peßar
solange tâ waghti ke, tâ
Soldat ßarbâz
sollen bâyeßtan
Sommer tâbeßtan
sondern balke
Sonne chorschid
Sonnenschein âftâb
sonnig âftâbi
Sorte (Art) nou
soviel, soweit tâ ândjâ ke
spät dir
spazieren ghadam zadan
Spaziergang gardesch
Speise ghazâ, chorâk
Spiegel âyine
Spiel bâzi
Spielzeug aßbâb-bâzi
Spinat eßfenâdj
sprechen harf zadan
Sprache zabân
Spritze âmpul
staatlich doulati
Stadt schahr
stark ghawi;
(Tee, Kaffee) por rang
Statue modjaßßame
Staub gard
stehen ißtâdan
stehlen dozdidan

Stein ßang
stellen gozâschtan
sterben mordan
Stern ßetâre
Stiefel tschakme
stinken bu dâdan
Stoff (Textil) pârtsche
Straße chiyâbân
Strauß (Bund) daßte
Streichholz kebrit
Strich chatt
stricken bâftan
Stück dâne
Student dâneschdju
Stuhl ßandali
stumm lâl
Stunde ßâ'at
Sturm tufân
Süden djonub
süß schirin
Süßigkeit schirini

T

Tabak tutun
Tablett ßini
Tablette ghorß, habb
Tag ruz
Tal darre
Tank tânk
Tankstelle pomp-e benzin
Tante (mütterl.) châle; **(väterl.)** amme
tanzen raghßidan
Tänzer raghâß
Tasche kif
Tasse fendjân, eßtekân
taub kar
Taube kabutar
Taxi tâkßi
Tee tschâyi
Telefon telefon
Telefonhörer guschi-telefon
telefonieren telefon kardan
Telefonzelle otâgh-e telefon
Telegramm telegrâm
Teller boschghâb
Teppich ghâli, farsch
teuer gerân
tief goud
Tier heywân
Tisch miz
Tischler nadjdjâr
Tochter dochtar
Toilette tuâlet, moßtarâh
tot morde
töten koschtan
tragen (weg-) bordan
Treppe pelle
treu bâ wafâ
Treue wafâ
trinken nuschidan
Trinkgeld en'âm
trocken choschk
Tropfen tschekke
trotz bâ wodjud-e
Tulpe lâle
tun kardan
Tür dar

U

Übelkeit tahawo'
überall hame djâ
überlegen fekr kardan
übermorgen paß fardâ
Überweisung hawâle
Uhr ßâ'at
und wa
umsonst (gratis) madjâni
umtauschen awaz kardan
Unfall taßâdof
ungültig bâtel
unhöflich bi adab
unreif châm
unten zir
unter(halb) zir-e
Unterschied fargh
Unterschrift emzâ'
untersuchen (Arzt) mo'âyene kardan
unterwegs ßar-e râh
untreu bi wafâ
unwichtig nâ-tschiz
Urin edrâr
Urlaub morachchaßi

V

Vater pedar
Ventilator panke
verboten mamnu'
vergessen farâmusch kardan
verheiratet mota'ahel
verkaufen foruchtan
verlangen châßtan
verlängern tamdid kardan
verleihen gharz dâdan
Verletzter madjruh, zachmi
verlieben, sich âschegh schodan
verlieren gom kardan; **(Spiel)** bâchtan
verlobt nâmzad(i)
vermuten hadß zadan
verschenken bachschidan
verschicken poßt kardan
Versicherung bime
verspäten, sich dir kardan
Verspätung ta'chir
versprechen ghoul dâdan
verstehen fahmidan
versuchen kuschidan
Vertrag gharârdâd
Verwandter chischâwand
viel ziyâd
vielleicht schâyad
viertel rob'
Visum wizâ

Vogel parande
Volk chalgh;
(Nation) mellat
voll por
von az
vor pisch, djelou
vorgestern pariruz;
v. Abend parischab
Vorhang parde
Vorsicht ehtiyât
vorsichtig mowâzeb
vorstellen, sich chiyâl kardân

W

Waage tarâzu
wach bidâr
Wagen (Auto) mâschin
Wahrheit haghighat
Wald djangal
Walnuss gerdu
Wanderung piyâde-rawi
wann key;
w. auch immer har waght
warm garm
warten ßabr kardan, montazer budan,
warum tscherâ
was tsche, tschi;
w. auch immer har tschi
waschen schoßtan
Wasser âb
Wasserfall âbschâr
Wasserhahn schir-e âb
Wasserkanne ketri
Watte pambe
weben bâftan
Wechselkurs nerch
wechseln awaz kardan
Wechselstube ßarâfi
Weg râh;
wegen be dalil-e, be ellat-e
wegnehmen, -tragen bordan
weiblich (Tier) mâde
weich narm
weil tschon, tschon ke
Wein scharâb
Weintraube angur
weiß ßefid
weit dur
welcher kodâm
Welle moudj
Welt donyâ
wenig kam
wenn (falls) agar
wer ki;
w. auch immer har ki
werfen andâchtan
Werkstatt ta'mirgâh
wert: w. sein arzidan
Wert arzesch, ghadr
Westen gharb
Wetter hawâ
wichtig mohem
wie tschi;
w. viel(e) tschand;
wie viel (Preis) tsche-ghadr
wieder bâz
wiederholen tekrâr kardan
Wiedersehen: auf W. chodâ hâfez
Wind bâd
Winter zemeßtân
wir mâ
wissen (kennen) dâneßtan;
(s. auskennen) balad budan
Wissen elm, dânesch
Witwe(r) biwe
wo kodjâ;
w. auch immer har djâ
woher az kodjâ
wohin be kodjâ
Wohnung manzel
Wolke abr
Wolle paschm
wollen châßtan
wollig paschmi
Wort kaleme
Wörterbuch farhang, loghatname
wozu barâye tschi
Wunde zachm
wünschen châßtan
Wüste biyâbân
wütend aßabâni

Z

zäh ßeft
Zahl schomâre, nomre
zählen schomordan
Zahn dandân
Zahnbürste meßwâk
Zahnpasta chamir-dandân
Zarathustrier zartoschti
zart zarif
Zeit waght, zamân
Zeitung ruz-name
zerbrechen schekaßtan
zerrissen pâre
Zeuge schâhed
Ziege boz
ziehen keschidan
Zigarette ßigâr
zittern larzidan
Zoll gomrok
Zucchini kadu
Zucker schekar, ghand
Zug ghatâr
zuhören gusch dâdan, gusch kardan
zukünftig âyande
Zündkerze scham'
Zunge zabân
zurückgeben paß dâdan
zurückkehren bargaschtan
zwar: und z. ya'ni
zweifeln schak dâschtan
Zylinder ßilandr

A

abr Wolke
abrischam Seide
adab Höflichkeit
adjab merkwürdig
adjale: a. kardan sich beeilen
afßâne Märchen
agar falls, wenn;
 a. tsche obwohl
aghab Rückseite;
 a.-e hinter
aghide: a. dâschtan meinen
akkâß Fotograf
akß Bild, Foto
al'ân nun, jetzt, sofort
albatte gewiss (doch)
ammâ aber
amme Tante (väterl.)
amn sicher
amu Onkel (väterl.)
an jener
andâchtan werfen
andâze Größe (Kleidung)
andjir Feige
angoscht Finger
angur Weintraube
aruß Braut
arußak Puppe
arußi Hochzeit
arz Devisen
arzân billig
arzesch Wert
arzidan kosten, wert sein
aßab Nerv
aßabâni wütend
aßal Honig
aßâßiye Gepäck
aßb Pferd
aßbâb Gepäck
aßbâb-bâzi Spielzeug
aßb-ßawâri Reiten
awaz: a. kardan wechseln
az von, aus, seit
aziz lieb

Â

âb Wasser;
 â.(-e) djou Bier;
 â.(-e) miwe Fruchtsaft
âbi blau
âbschâr Wasserfall
âcharin letzter
âdam Mensch
âdat Gewohnheit
âftâb Sonnenschein
âghâ Herr
âhan Eisen
âheßte langsam
â'ine Spiegel
âli ausgezeichnet
âlmâni Deutscher, deutsch
âlu Pflaume
âmadan kommen
âmpul Spritze
âmuzegâr Lehrer
ândjâ dort;
 tâ â. ke so viel, so weit
ârd Mehl
âsch-paz Koch
âschegh: â. budan lieben;
 â. schodan sich verlieben
âßân leicht (zu tun)
âßânßor Fahrstuhl
âßemân Himmel
âtasch Feuer
âtschâr Schraubenschlüssel
âwardan bringen, holen
âwâz Lied, Gesang;
 â. chândan singen
âyande zukünftig, nächster
âyâ ob, etwa (in Fragen)
âzâd frei
âzâdi Freiheit

B

bachschidan verschenken, entschuldigen
bad schlecht
ba'd dann, danach;
 b. az nach;
 b. az in ke nachdem
badan Körper
baghghâli Lebensmittelladen
bahâr Frühling
balad: b. budan wissen, sich auskennen
bale ja
balke aber, sondern
bandar Hafen
barâbar gleich
barâdar Bruder
barâye für;
 b. in ke damit;
 b. tschi wozu
bardâschtan nehmen, aufheben
barf Schnee
barg Blatt
bargascht Rückkehr
bargaschtan zurückkehren
baß genug
baßtan schließen
baßtani Speiseeis
baßte Paket
batschtsche Kind
bâ mit
bâchtan verlieren (Spiel)
bâd Wind
bâdam Mandel
bâdendjân Aubergine
bâftan weben, stricken
bâghi Rest
bâlâ oben
bâlesch Kissen
bânk Bank
bâr Mal

bârân Regen
bârik schmal
bâßtâni alt (antik)
bâtel ungültig
bâtri Batterie
bâyeßtan sollen, müssen
bâz wieder, noch(mals); offen;
b. kardan öffnen
bâzargân Kaufmann
bâzâr Bazar
bâzi Spiel
bâzu Arm
be nach (Richtung)
bedune ohne
beh Quitte
behtar besser
belit Fahrkarte
benzin Benzin
berendj Reis
bereschte knusprig
bi ohne
bidâr wach
bimâr krank, Kranke
bimâreßtân Krankenhaus
bime Versicherung
bini Nase
birun draußen;
b.-e außerhalb (von)
biwe Witwe(r)
biyâbân Wüste
boland hoch, lang, laut
bolbol Nachtigall
bordan (weg)tragen, hinbringen, wegnehmen
boridan schneiden
boschghâb Teller
botri Flasche
boz Ziege
bozorg groß
bu Geruch;
b. dâdan riechen, stinken
budan sein
bugh Hupe
bur blond
bußidan küssen

Ch

chabar Nachricht;
ch. dâdan mitteilen
chalabân Pilot
chalgh Volk
chamir-dandân Zahnpasta
chandidan lachen
char Esel
charâb kaputt, verfault
charbuze Honigmelone
chardal Senf
charidan kaufen
chaßiß geizig
chaßte müde
chaßtegi Müdigkeit
chatar Gefahr
chatt Linie, Strich, Leitung
châb Schlaf
châbidan schlafen
châhar Schwester
châhesch Bitte;
ch. kardan bitten
châk Boden, Erde
châkeßtar Asche
châkeßtari grau
châle Tante (mütterl.)
châli leer
châm unreif, roh
chânande Sänger, Leser
chândan lesen
châne Haus
chânewâde Familie
chânom Frau, Ehefrau, Dame
châr Dorn
châredj Ausland;
ch.-e außerhalb (von)
châredji fremd, Ausländer
châßtan wollen, wünschen
chedjâlat Scham;
ch. keschidan sich schämen
cherß Bär
cheyli sehr, viel
cheyr Nutzen; nein
chischâwand Verwandter
chiyâbân Straße
chiyâr Gurke
chodâ Gott;
ch. hâfez auf Wiedersehen
chod-kâr Kugelschreiber
chorâk Essen, Speise
chordan essen
chormâ Dattel
chorschid Sonne
chorudj Ausfahrt, Ausgang
choruß Hahn
choschgel schön
choschk trocken
chosch-mazze schmackhaft
chub gut
chubi Güte
chuk Schwein
chun Blut

D (Dj)

daftar Heft, Amtsstube
dalil Grund;
be d.-e wegen
damâgh Nase
dandân Zahn
dande Gang, Getriebe
dar in, innerhalb; Tür
daradje Grad, Klasse (Zug)
dard Schmerz
darre Tal, Schlucht
daryâ Meer
daryâft Erhalt, Empfang;
d. kardan erhalten
daßt Hand;
d. andâchtan auslachen
daßte Bund, Strauß

dawâ Medikament, Arznei
dawâ-châne Apotheke
da'wat Einladung
dawidan laufen, rennen
dâd Schrei
dâdan geben
dâgh heiß
dâmâd Bräutigam
dâne Korn, Stück
dânesch Wissen
dâneschdju Student
dâneßtan wissen, kennen
dâr Galgen
dâru Medikament, Arznei
dâru-châne Apotheke
dâschtan haben
dâyere Kreis
dâyi Onkel (mütterl.)
deh Dorf
dej Burg, Festung
deracht Baum
didan sehen
dig Kochtopf
digar(i) (ein) anderer
din Glaube
dir spät;
d. kardan sich verspäten
diruz gestern
dischab gestern Abend
dja'fari Petersilie
djalaße Sitzung
djam'iyat Bevölkerung
djangal Wald
djangidan kämpfen
djaschn Fest, Feier
djawâb Antwort;
dj. dâdan antworten
djawân jung
djâ Platz, Ort;
be dj.-ye anstatt
djâleb interessant
djân lieb
djâru(b) Besen
djelou vorn
djoft Paar (Ding, Tier)
djoghd Eule
djonub Süden
djou Gerste
djoz außer;
dj. in ke außer dass
do'â Gebet
dochtar Mädchen, Tochter
dogme Knopf
dokkân Laden, Geschäft
donyâ Welt
doroscht groß (Obst)
doroßt richtig, genau;
d. kardan herstellen, in Ordnung bringen
dorugh Lüge
doschwâr schwierig
doulati staatlich, offiziell
dozd Dieb
dozdi Diebstahl
dozdidan stehlen
duchtan nähen
dud Rauch
dur weit;
dur-tâ-dur ringsum
duschize Fräulein
dußt Freund;
d. dâschtan lieben, mögen

E

edâre Büro, Amt
edjâze Erlaubnis
edrâr Urin
eghâmat Aufenthalt
egzoß Auspuff
ehtiyât Vorsicht
ellat Grund;
be e.-e wegen
elm Wissen
emruz heute
emschab heute Abend
emßâl dieses Jahr
emtehân Prüfung;
e. kardan prüfen
emzâ' Unterschrift
en'âm Trinkgeld
enßân Mensch
eschgh Liebe
eschghâl besetzt
eschtebâh Fehler;
e. kardan sich irren
eschtehâ Appetit
eßfenâdj Spinat
eßhâl Durchfall
eßlâm Islam
eßm Name
eßtachr Schwimmbad
eßtefrâgh Erbrechen
eßtekân Tasse
e'tebar: e. dâschtan gültig sein
ettelâ'(ât) Information
eyd Neujahr
eynak Brille
ezdewâdj Ehe;
e. kardan heiraten

F

faghat nur
faghir arm, Armer
fahmidan verstehen
fandak Feuerzeug
fandogh Haselnuss
farangi europäisch
farâmusch: f. kardan vergessen
farâr: f. kardan fliehen
fardâ morgen
fargh Scheitel, Unterschied
farhang Kultur, Wörterbuch
farmâyesch Befehl
farmudan befehlen
farsch Teppich

farzand Kind
faßl Jahreszeit
fârßi Persisch
fekr Gedanke;
f. kardan denken, meinen
felfel Pfeffer
fendjân Tasse
fereschte Engel
fereßtande Absender
fereßtâdan schicken
feschordan drücken
forudgâh Flughafen
foruchtan verkaufen
fouri eilig

G (Gh)

galu Kehle
gard Staub, Pulver
gardan Hals
gardesch Spaziergang
garm warm
gawâhi-nâme Bescheinigung
gâhi manchmal
gârßon Kellner
gâw Rind
gedâ Bettler
geram Gramm
gerân teuer
gerdu Walnuss
gereftan nehmen, bekommen
ghadam Schritt;
gh. zadan spazieren
ghahwe Kaffee
ghahweyi braun
ghand (Würfel-)Zucker
ghannâdi Konditorei
gharârdâd Vertrag
gharb Westen
gharz Schulden;
gh. kardan leihen
ghaschang schön
ghaßam Eid, Schwur
ghaßr Schloss
ghaßßâbi Schlachterei
ghatâr Zug
ghawi stark
ghazâ Essen, Speise
ghâli Teppich
ghârtsch Pilz
ghâschogh Löffel
ghâyegh-râni Segeln
gheymat Preis
gheytschi Schere
ghofl (Tür-)Schloss
ghorân Koran
ghorß Tablette
ghoul: gh. dâdan versprechen
ghuzak Knöchel
gilâß Kirsche; Glas
girande Empfänger
gische Schalter
goftan sagen, reden
gol Blume;
golâbi Birne
gol-kalam Blumenkohl
gom: g. kardan verlieren
gomrok Zoll
gorbe Katze
goroßne hungrig
goroßnegi Hunger
goud tief
gozar-nâme Reisepass
gozâschtan legen, stellen
gusch Ohr;
g. kardan gehorchen, zuhören
guschi-telefon Telefonhörer
guscht Fleisch
gußfand Schaf

H

habb Tablette
hadiyye Geschenk
hadß: h. zadan vermuten
haghighat Wahrheit
ham auch
hamân eben jener
hame alle;
h. djâ überall;
h. tschiz alles
hamin eben dieser
hamische immer
ham-kâr Kollege
hammâm Bad
ham-watan Landsmann
har jeder;
h. djâ wo auch immer;
h. ki wer auch immer, jedermann;
h. tschi was auch immer;
harâdji Ausverkauf
harf: h. zadan sprechen
hargez niemals, nie
haßâßiyat Empfindlichkeit
haßud eifersüchtig, neidisch
hattâ sogar
hawâ Luft, Wetter
hawâle Überweisung
hawâ-peymâ Flugzeug
hawidj Mohrrübe
hâdjdji Pilger (Mekka)
hâlâ jetzt, sofort, gleich
hâmele schwanger
hânuz noch (immer)
hâzer bereit, fertig
hendewâne Wassermelone
heßâb Rechnung
heywân Tier
hitsch kein;
h. djâ nirgendwo;
h. kaß niemand, keiner;
h. tschiz nichts;
h. waght nie(mals)
holu Pfirsich
houle Handtuch
houßele Geduld

husch Intelligenz;
bi h. dumm, ohnmächtig

I

imân Glaube, Religion
in dieser, es
indjâ hier
irâni hier
ischân er, sie
ißtâdan stehen
ißtgâh Haltestelle;
i.-e râh-âhan Bahnhof

K

kabutar Taube
kadu Kürbis, Zucchini
kaf Schaum
kaffâschi Schuhgeschäft
kafsch Schuh
kalâf(e) Knäuel
kaleme Wort
kam wenig;
kami ein bisschen
kar taub
kardan machen, tun
kare Butter
kaß Person;
kaßi jemand
kaßif schmutzig
kâch Palast
kâfe Café
kâfi genug
kâhu Kopfsalat
kâr Arbeit;
k. kardan arbeiten
kâr-châne Fabrik
kârd Messer
kârgar Arbeiter
kârmand Angestellter
kâschtan pflanzen, säen
ke dass
kebrit Streichholz
kelâtsch Kupplung
kelid Schlüssel
kelißâ Kirche
kerâwât Krawatte
kerâye Miete
keschidan ziehen
keschmesch Rosine
keschou Schublade
keschti Schiff
keschwar Land
ketâb Buch
ketri Wasserkanne
key wann
kif Tasche
kiße Beutel
kodâm welcher
kodjâ wo;
az k. woher;
be k. wohin
kolâh Hut
kolfat Dienstmädchen
komak Hilfe;
k. kardan helfen
komod Schrank
konßulgari Konsulat
koschtan töten
kot Jacke
kuh Berg
kuh-nawardi Bergsteigen
kuschidan versuchen
kutâh kurz
kutsche Gasse
kutschek klein

L

lab Lippe, Rand;
l.-e an
lakke-dâr fleckig
larzidan zittern
lâghar dünn
lâl stumm
lâle Tulpe
lâmp Lampe, Glühbirne
lâne Nest
lâßtik Gummi, Reifen
lâzem: l. dâschtan brauchen, benötigen
lebâß Kleid
liwân (Trink-)Glas
loghatname Wörterbuch
luß frech, albern

M

ma wir
machmal Samt
madâd Bleistift
madjâni umsonst
madjruh Verletzter
maghâze Laden
malâfe Bettlaken
mamlekat Land
mamnu' verboten
mamnun dankbar
man ich
manzel Wohnung
mard Mann
mardom Leute
mariz krank
mariz-châne Krankenhaus
markaz Mitte
martabe Mal
ma'ruf bekannt, berühmt
marz Grenze
maßdjed Moschee
maßihi Christ, christlich
maßt betrunken
matabb Arztpraxis
ma'zerat Entschuldigung;
m. châßtan sich entschuldigen
mazhab Glaube, Religion
mazze Geschmack
mâdar Mutter;

m. bozorg Großmutter
mâde weiblich (Tier)
mâh Monat, Mond
mâhi Fisch
mâhitsche Muskel, Keule
mâl Besitz, Eigentum
mândan bleiben
mâr Schlange
mâschin Auto, Wagen
mâßt Joghurt
mâtik Lippenstift
me'de Magen
mehmân Gast
mehmân-châne Gasthof
mellat Nation, Volk
meßwâk Zahnbürste
meyl: m. dâschtan mögen
mich Nagel (Metall)
miwe Frucht, Obst
miz Tisch
mo'allem Lehrer
mo'âyene: m. kardan untersuchen (Arzt)
mobârak gesegnet
moddat Dauer
modjarrad ledig
modjaßßame Statue
moghaddaß heilig
mohandeß Ingenieur
mohem wichtig
mohkam fest
monâßeb geeignet
montazer: m. budan warten
morabbâ Marmelade
morachchaßi Urlaub
mordan sterben
morde tot, Leiche
morgh Huhn, Henne
morwârid Perle
moßalmân Moslem
moßâfer Reisender
moßâferat Reise
moßtaghim geradeaus
moßtarâh Toilette
mota'ahel verheiratet
moteschakker dankbar
mottakâ Kissen
moudj Welle
mouz Banane
mowâzeb vorsichtig
mu Haar
murtsche Ameise
musch Maus
mußigi Musik
muze Museum

N

na nein
nach Faden
nadjdjâr Tischler
nafar Person
naft Erdöl
naghd bar
naghsche Landkarte
namak Salz
namâz Gebet
na'nâ Minze
nar männlich (Tier)
nardebân Leiter
narm weich
nazdik: n.-e nahe
nâchon (Finger-)Nagel
nâhâr Mittagessen
nâme Brief
nâmzad(i) verlobt
nân Brot
nânwâyi Bäckerei
nârandj Orange
nârandji orange
nârangi Mandarine
nârgil Kokosnuss
nâschtâyi Frühstück
negah: n. dâschtan anhalten, festhalten
negâh: n. kardan anschauen
nerch Wechselkurs
nescheßtan sitzen
neßf Hälfte
neweschtan schreiben
nim halb
nochod (Kicher-)Erbse
nomre Nummer
noßche Rezept
nou neu; Sorte, Art;
n. ruz Neujahr
noukar Diener
nur Licht
nuschidan trinken

O

omidwâr: o. budan hoffen
omr Leben, Lebensalter
orupâyi europäisch
oßtâd Professor
oßtochân Knochen
otâgh-e telefon Telefonzelle
otu Bügeleisen;
o. kardan bügeln
ozr Entschuldigung;
o. châßtan entschuldigen

P

pahlu Seite;
p.-ye bei, neben
pahn breit
pambe Baumwolle, Watte
pandjere Fenster
panir Käse
panke Ventilator
pantschar Platten
parande Vogel
pardâchtan bezahlen
parde Gardine, Vorhang
pari Fee
pariruz vorgestern
parischab vorgestern Abend

partscham Fahne
parwande Akte
parwâz Flug;
p. kardan fliegen
paschimân reumütig
paschm Wolle
paschmi wollig
paß dann, danach, folglich;
p. az ... nach, hinter
p. dâdan zurückgeben;
p. fardâ übermorgen
paßandidan gefallen, passen
pâ Bein, Fuß
pâk sauber
pâk-kon Radiergummi
pâre zerrissen
pârßâl voriges Jahr
pârtsche Stoff
pâschne Absatz
pâßbân Polizist
pâyân Ende
pâyetacht Hauptstadt
pâyiz Herbst
pedar Vater;
p. bozorg Großvater
pelle Treppe
peßar Junge, Sohn
peßte Pistazie
peydâ sichtbar;
p. kardan finden
peyghambar Prophet
peyghâm Mitteilung
pezeschk Arzt
pir alt
pirâhan Hemd
pisch vor;
p. az in ke bevor;
p.-e bei
pisch-chedmat Kellner
pitsch Schraube, Kurve
piyâde zu Fuß
piyâde-rawi Wanderung
pochtan kochen
pochte gar, gekocht
pol Brücke
poliß Polizei, Polizist
pomp Pumpe;
p.-e benzin Tankstelle
por voll;
p. kardan füllen, aufladen
poscht hinten; Rücken, Rückseite;
p.-e hinter
poßt: p. kardan verschicken
poßt-châne Postamt
poßttschi Briefträger
pul Geld;
p.-e chord Kleingeld;
bâ p. reich;
bi p. arm
puschidan anziehen
pußt Haut, Schale

R

radiyator Kühler
raftan gehen
raghâß Tänzer
raghßidan tanzen
ra'iß Chef, Direktor
rang Farbe;
kam r. schwach (z. B. Tee);
por r. stark (z. B. Tee)
raßid Quittung
raßidan ankommen, reifen
raßm Sitte, Brauch
raßmi öffentlich, offiziell, staatlich
râh Weg
râh-âhan Eisenbahn
rân Schenkel
rândan fahren
rândande Fahrer
râßt rechts
râyâne Computer
râz Geheimnis
redjim Diät
reßtorân Restaurant
risch Bart;
r. zadan rasieren
rob' Viertel
roughan Fett, Öl
rouschan hell
ru-ye auf
ruz Tag
ruze Fasten;
r. gereftan fasten
ruz-name Zeitung

Sch

schab Nacht, Abend
schak: sch. dâschtan zweifeln
schahr Stadt
schalwar Hose
scham' Kerze, Zündkerze
scharâb Wein
schargh Osten
schaßt Daumen
schâ'er Dichter
schâhed Zeuge
schâch Ast, Horn
schâl Schal
schâm Abend(essen)
schâne Kamm
schâyad vielleicht
schekam Bauch
schekaßtan zerbrechen
schekâyat Beschwerde;
sch. kardan sich beschweren
schenâ Schwimmen
schenâchtan erkennen
schenidan hören, zuhören
scherkat Firma, Gesellschaft
schewid Dill

scheych Scheich
schir Löwe; Milch;
sch.-e âb Wasserhahn
schirin süß
schirini Kuchen, Süßigkeit
schische Glas (Material)
scho'be Filiale
schol locker
schomâ ihr, Sie
schomâre Zahl, Nummer
schomordan zählen
schoru' Beginn, Anfang
schoßtan waschen
schotor Kamel
schouhar Ehemann
schuchi Scherz
schufer Fahrer
schur salzig

ß

ßabok leicht (Gewicht)
ßabr Geduld;
ß. kardan warten
ßabt Eintragung
ßabzi Gemüse
ßafar Reise;
ß. kardan reisen
ßafhe Seite (Buch)
ßag Hund
ßakku Bahnsteig
ßakte Schlaganfall
ßang Stein
ßalâm Frieden
ßalmâni Frisör
ßandali Stuhl
ßandjâgh Sicherheitsnadel
ßandugh Kasten;
ß.-e poßt Briefkasten
ßangin schwer
ßar Kopf;
ß.-e râh unterwegs
ßarâfi Wechselstube
ßarbâz Soldat
ßard kalt
ßargidje Schwindel(gefühl)
ßarhadd Grenze
ßarmâ Kälte;
ß. chordan erkälten
ßâ'at Uhr, Stunde
ßâye Schatten
ßâbun Seife
ßâde einfach, schlicht
ßâket leise
ßâl Jahr
ßedâ: ß. kardan rufen;
ß. zadan anrufen (Telefon)
ßefârat Botschaft
ßefâresch Bestellung;
ß. dâdan bestellen;
ß. kardan ausrichten
ßefâreschi Einschreiben
ßefid weiß
ßeft fest, zäh
ßendjed Mehlbeere
ßerke Essig
ßerwat Reichtum
ßerwatmand reich, Reicher
ßetâre Stern
ßib Apfel;
ß. zamini Kartoffel
ßibil Schnurrbart
ßigâr Zigarette;
ß. keschidan rauchen
ßinemâ Kino
ßini Tablett
ßir Knoblauch; satt
ßo'âl Frage;
ß. kardan fragen
ßobh Morgen
ßobhâne Frühstück
ßor'at Geschwindigkeit
ßorch: ß. kardan braten
ßoßt schwach
ßoughâti Reisegeschenk
ßuchte angebrannt (Essen)
ßud Gewinn
ßurat Gesicht, Liste;
ß.-e heßâb Rechnung
ßurati rosa
ßuzan Nadel

T (Tsch)

tab Fieber
tabaghe Etage
tabi'at Natur
tabrik Glückwunsch;
t. goftan gratulieren
tachfif Ermäßigung
ta'chir Verspätung
tadjdid: t. kardan erneuern
tagarg Hagel
taghwim Kalender
tahawo' Übelkeit
talch bitter
tamâm Ende
tam(ba)r Briefmarke
tamdid: t. kardan verlängern
ta'mir Reparatur;
t. kardan reparieren
ta'mirgâh Werkstatt
tamiz sauber;
t. kardan reinigen
tanbal faul
tanbali Faulheit
tanhâ allein
tar nass
taraf Richtung, Seite;
t.-e gegen
tarâzu Waage
tarß Angst, Furcht
tarßidan fürchten
tarßu ängstlich
taschakkor Dank(barkeit);
t. kardan sich bedanken
taßâdof Unfall
ta'tilât Ferien
tawaghghof Halt

tawallod Geburtstag
tawâneßtan können
tayyâre Flugzeug
tâ bis, seit, solange; Stück
tâb Schaukel
tâbeßtân Sommer
tâdjdjer Kaufmann
tâkßi Taxi
tânk Tank
târ Saite
târich Datum
tâyer Reifen
tâze frisch
tekrâr: t. kardan wiederholen
telefon Telefon;
t. kardan telefonieren
teschne durstig
teschnegi Durst
tire dunkel
tiz scharf (Messer)
to du
tochm Ei
tond schnell, scharf (Speise)
tormoz Bremse
torobtsche Radieschen
torsch sauer
tschahâr-râh Kreuzung
tschakme Stiefel
tschamadân Koffer
tschand wie viel(e)
tschangâl Gabel
tschap links
tscharm Leder
tscharmi ledern
tschaßb Klebstoff
tschatr Schirm
tschâgh dick
tschâghu Messer
tschâp Auflage, Druck
tschâyi Tee
tsche was
tsche-ghadr wie viel (Preis)
tschek Scheck
tschekke Tropfen
tscherâ warum
tscherâgh Lampe
tscheschidan kosten (Essen)
tscheschm Auge
tsche-tour wie (Frage)
tschi was, wie
tschiz Ding, Sache;
tschizi etwas
tschon (ke) denn, deshalb
tu: t.-ye in ... hinein, innerhalb
tufân Sturm
tul: t. keschidan dauern
tup Ball
tup-bâzi Ballspiel
tuti Papagei
tutun Tabak

U / W

u sie, er
wa und
wafâ Treue
waght (Uhr-)Zeit;
az waghti ke seitdem;
tâ waghti ke solange
wakil Anwalt
wali aber
waßat Mitte;
w.-e inmitten
wazir Minister
wazn Gewicht
welarm lauwarm
wizâ Visum
wodjud Existenz;
bâ w.-e trotz
worud Einfahrt, Eingang

Y

yach Eis, eiskalt
yaghe Kragen
ya'ni nämlich, und zwar
yawâsch langsam
yâ oder
yâhudi Jude, jüdisch

Z

zabân Sprache, Zunge
zadan schlagen
zachm Wunde
zachmi Verletzter
zamân Zeit
zamin Boden, Erde;
z. chordan hinfallen
zan Frau, Ehefrau
zanbur Biene
zandjir Kette
zang Klingel;
z. zadan klingeln; rosten
zarar Schaden, Verlust;
z. kardan Schaden erleiden
zard gelb
zardâlu Aprikose
zarif zart
zartoschti Zarathustrier
zânu Knie
zât Natur (Wesen)
zâyedan gebären
zemeßtân Winter
zendân Gefängnis
zendegi Leben
zerang fleißig
zescht hässlich
zeytun Olive
zibâ schön
zip Reißverschluss
zir unten;
z.-e unter(halb)
zir-ßigâri Aschenbecher
ziyâd sehr, viel
zohr Mittag
zud früh

Die Autorin

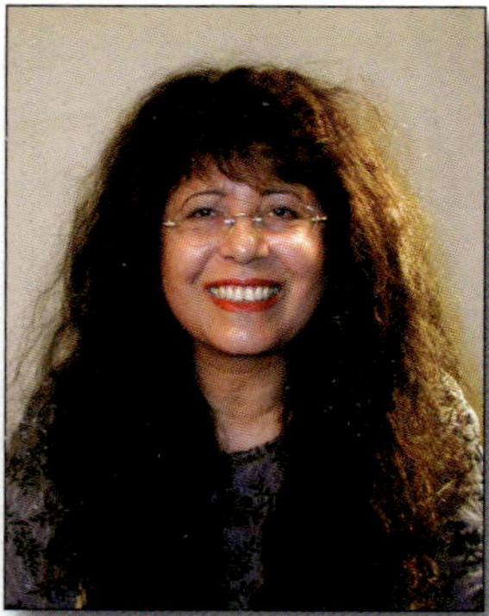

Mina Djamtorki: Ich wurde in Ahvaz geboren und bin dort zur Schule gegangen. In Deutschland habe ich nach einer fotografischen Ausbildung ein interdiziplinäres Studium mit Schwerpunkt Betriebswirtschaftslehre erfolgreich absolviert. Nach langjähriger Berufstätigkeit trieb mich die Routine, aber auch der Wunsch mehr über mein Land, meine Kultur und letztendlich über mich selbst zu erfahren, wieder auf die Schulbank zurück. Das Studium der Iranistik und der Islamwissenschaft beendete ich als Magistra Artium. Mit diesem Büchlein möchte ich dazu beitragen, eine Brücke zwischen der deutschen und der persischen Kultur zu schlagen.